グローバリズムと公共政策の責任

星野俊也・大槻恒裕・村上正直 編

第2巻

富の共有と公共政策

大阪大学出版会

［巻頭言］

シリーズ「グローバリズムと公共政策の責任」第2巻『富の共有と公共政策』刊行にあたって

世界はいま、新たな秩序を求めています。

二一世紀に入りグローバル化のさらなる深化や科学技術イノベーションの飛躍的な進展によって、私たちはかつてないほどに新しい機会や可能性を手にできるようになりました。いまや、人・モノ・カネ・情報は、劇的な規模とスピードで国境を越えて行き交っています。しかし、その一方で、国家間の対立や内戦、人権の侵害や過激な武装組織によるテロ、大量破壊兵器の拡散、国家機能の破綻といった国際の平和と安全にかかわる脅威は広がり、また、気候変動、環境破壊、自然災害、貧困、感染症の蔓延、国際的な資本移動による市場の攪乱など、経済・社会分野における問題も深刻化の度合いを増しています。私たちの日々の暮らしはこうした諸課題とつねに隣あわせで、航空路やサプライチェーンやインターネットでつながっているいまの世界では、たとえ地球の裏側の出来事であったとしても私たちはその影響を無視できなくなってきているのです。しかも、これらの問題の多くは一国だけで対応することが困難で、国際社会がもてる英知を結集し、私たちも互いに連帯して行動することがいままで以上に必要となっています。

国際社会で主要先進国の一角を占める日本が果たす役割も高まっています。アジアはもちろんのこと、世界各地において、また、国際連合などの国際機関を通じて、日本の積極的な国際協力に寄せられる期待には大きなものがあります。それは、日本という国に対する要請であるとともに、ここに暮らす私たち一人ひとりに対する呼びかけでもあります。ですが他方で、その日本は「課題先進国」として、政治システムや経済・社会システムの様々な局面で他の国々に先駆け、複雑な課題に敢然と立ち向かっていかなければならなくなっています。政治におけるアカウンタビリティの確保、民主主義や市場経済のあり方、経済の再生、産業構造の転換、ライフ・イノベーションやグリーン・イノベーションへの対応、ＩＴ革命とビッグデータの利活用、少子高齢化対策、格差の是正、男女共同参画の推進など、積年の懸案から新時代の挑戦まで、これらの課題に取り組む上で斬新な発想とリーダーシップが求められます。

二一世紀の世界の秩序を作るのは、ほかでもない、私たちです。そして公共政策は、そのための手段になります。

「世界秩序」や「公共政策」などというと、私たちからはかなり縁遠い話題、あるいは政府が取り組むべき仕事と考える向きも多いかもしれません。たしかに、私たちの多くが共有する原体験としての二〇世紀の歴史を振り返るならば、それはまさに「国家の世紀」であり、そうした国家（政府・政権・体制）の主導により大きく政治や経済が牽引された側面もみられましたが、国家が互いに覇を競い、軍事による侵略や衝突を繰り返した「戦争の世紀」の側面もありました。そこでより恒久的な平和を求める国々は、国連を設立し、「われらの一生のうち二度まで言語に絶する悲哀を人類に与えた戦争の惨害から将来の世代を救」うという目的の下に一定の世界秩序を形成していきました。戦後は、平和、開発、人権といった政策分野で新たな規範や活動が積み重ねられてきたことも確かです。ですが、富める国と貧しい国に世界が南北に分かたれ（南北問題）、また、地球全体を破滅させるほどの規模の核兵器をもつ米ソ両超大国が東西二つの陣営に分かれて対峙する状況（東西冷戦）に変化が訪れるようになるのを、私たちは一九八〇年代の終わり頃まで待たなければなりませんでした。

やがて東西冷戦も過去のものとなり、中国やインドをはじめ、かつての途上国のなかから急速に力をつけて発展する新興国も台頭してきました。経済の相互依存が進み、情報通信技術の目覚ましい進歩などとも相まって、「グローバル化」という言葉を聞かない日はないほどにまで世界は変化をしています。こうして迎えた二一世紀の世界においても国家が国際社会を構成するユニットとして引き続き重要な役割を果たしていることは間違いありません。そして、公共政策というと、もっぱら「統治（ガバナンス）」を担う「政府（ガバメント）」が立案・決定・実施する諸施策を指していますが、これは狭義の公共政策です。

自由で公正な政体の下であれば、公共政策とは、国家（政府・政権・体制）というかたちで抽象化・擬人化・全体化された利益を追求するものではなく、社会を構成する多様な人々が様々なかたちで参画し、オープンで、互いに認め合い、支え合い、高め合うことを可能とする秩序のなかでよりよい明日を築いていくための規範形成と課題解決と価値分配を行う装置になるはずです。ひと言でいうと、こうした広義の公共政策は、人々が「幸せ」を共有するための発想や仕組みや活動と考えることができるでしょう。

本シリーズは、こうした広い意味での公共政策のあり方について、グローバルな視点とより身近なコミュニティの視点の双方から考えることを目的にしています。その際、本シリーズが他の類書と一線を画した分析になっているとするならば、それは次の三つの点にまとめられます。

第一は、私たちを取り巻く世界や暮らしのなかできわめて大きな意味をもつ安全保障、社会開発、人権伸長に関する主要な課題を「平和・富・自由という公共価値の共有の問題」ととらえ直し、これらの公共価値の共有を阻害する要因と推進する要因とを分析する俯瞰的・構造的・統一的な観点を導入していることです。これらの価値に注目するのは、そのおのおのがいずれも公共性の高い重要な目標概念として一般にとらえられていますが、同時に現実世界ではこれらの価値の達成をめぐっての対立や格差やトレードオフ関係が厳然と存在しているためです。

第二は、主要な課題の解決に向けた「公正でオプティマルな公共価値の共有」を公共政策の役割とする課題解決型の視点を盛り込んでいることです。これらの三つの領域では、いずれもグローバル化を通じて世界の一体化が進み、国境を越える人・モノ・カネ・情報の移動が活発化するなか、地域コミュニティ、国家、国際社会、グローバル社会など、それぞれのレベルで公共の価値の「公正でオプティマルな共有」の実現がますます重要度を増しているといえるからです。

そして第三は、公共政策の立案・決定・実施における関係主体の「責任」（自らに対するものと他者に対するもの、現在に対するものと将来に対するものを含みます）に関する議論にもスポットをあてる点です。これは特定の個人や組織の責任を追及するためではなく、私たち一人ひとりが公共政策の立案・決定・実施に主体的に参画するステークホルダーとして、それに伴う社会的な役割や責任を自覚するための知的な試みです。

私たちは一人では生きていけません。また、グローバルな課題は、たとえ大国であったとしても、決して一国だけでは解決できるようなものではありません。私たちは、大小幾重にも重なった様々な社会集団のなかに身を置き、日々の暮らしを送ることになりますが、その社会の他の構成員との間の認識や利害や力の相関関係や相互作用を背景に、様々な摩擦や対立や紛争が生じます。そうした社会の諸問題の克服の方法については、家族、地域、国家、国際（国家間）社会、さらには地球規模での人々のつながりを視野に入れたグローバル社会など、異なる単位で見ていくことができますし、政治、経済、文化などの分野ごとに把握することもできます。

ですが、より根本的なところでは、人間一人ひとりが与えられた「生（life）」の潜在性――特に、生存・生計・尊厳――を最大限に開花できるようにするための公共政策や、私たちのそうした活動を可能とする自然環境や社会条件を整備するための秩序を議論することから始めなければなりません。そのための知識・技能・態度を身につけ、行動することは私たち一人ひとりの「責任」でもあります。

二〇世紀が国家中心の時代であったのに対し、二一世紀が人間の存在と役割により直接的な光があたる時代へと動いていくようであれば、私たちは学ばなければなりません。なぜなら、人間は計り知れない可能性と芯の強さを持ち合わせた存在であると同時に、脆くて弱い存在でもあり、その持てる力を善にも悪にも用いることができるからにほかなりません。本書が、グローバルな視点で公共価値の共有に向けた公共政策のあり方を検討する過程を通じ、私たちが自らの知力と感性と想像力を磨いていくきっかけになることを願っています。

本シリーズは、大阪大学大学院国際公共政策研究科（ＯＳＩＰＰ）創立二〇周年を記念して企画するものであり、グローバルな見地から政治学と法学と経済学を横断し、公共政策の研究教育を行ってきた実績があってはじめて可能となりました。星野俊也、村上正直、大槻恒裕が共同で全体を監修し、「平和」・「富」・「自由」と大きく三つにわけた公共価値の分野ごとに国際公共政策研究科のスタッフを中心に学際融合型の執筆チームを編成し、当研究科が蓄積してきた教育研究上の知見を踏まえ、学術的なレベルをしっかりと維持しつつも、初学者や一般の読者の皆さまに対してもわかりやすいかたちで知識や論点を提供できるように心がけています。

本シリーズが、二一世紀に不可避の公共政策課題に対する重要な問題提起となるものと確信しています。

最後に、本シリーズの出版は、「大阪大学法学・国際公共政策学研究・教育助成金」により実現したものです。この場を借りて心より御礼を申し上げます。

第2巻の概要

本シリーズは、全3巻で構成され、第1巻が「平和」、第2巻が「富」、第3巻が「自由」という公共価値をそれぞれ中心に、各分野の主要な課題の解決にあたり、公正でオプティマルな公共価値の共有が可能な公共政策のあり方を考えます。同時にまた、そうした政策課題の発生に関係する主体の責任や、そうした課題の解決に向けた関係主体の責任についての議論もできるだけ盛り込むようにしています。

この第2巻は、グローバルな富の共有と公共政策をテーマとしています。グローバル化が進むなか、すべての人々が豊かで幸福な生活を実現するためには、各国が富の創出を目指しつつ、貧困、格差、紛争、環境などの課題を解決していかなければいけません。そのためには公正かつ合理的な制度を構築していくだけでなく、国家間、コミュニティ間、個人間の利害の調整や制度の調和を高い次元で実現する不断の努力が必要です。本巻では、そういった公共の価値の「公正でオプティマルな共有」の実現に向けての公共政策の役割について模索します。最初に経済のグローバル化に向けてのインフラ政策の役割（第1章）、リーマンショック後の金融市場の混乱に象徴される経済のグローバル化に隠れたリスクと日本の金融政策からの教訓（第2章）について検討されます。また、グローバルな富の共有に国家間の制度やルールの調整が不可欠ですが、本巻では続いて、国連の機能の健全性を担保するためのアカウンタビリティの役割（第3章）、国際取引を促進するための法の国際的統一（第4章）、国際通商における環境配慮から発展したエコラベル制度の国際統一に向けての取り組みと課題（第5章）、越境資源の持続的利用、とりわけ米墨間の水資源利用における国境を越えての「法の支配」の実現と課題（第6章）について議論されます。また、グローバルな社会の包括的な発展には貧困の克服が不可欠ですが、本巻では最後に、開発途上国の貧困の現状とその克服に向けての開発戦略や援助政策のあり方（第7章）、開発途上国の貧困の現状と世界で認識されているイメージとのギャップ、およびマスメディアの役割（第8章）、持続的な経済の発展における経済成長と産業構造変化の役割（第9章）について議論されます。

本巻の各章が、私たちの生きるグローバルな社会における豊かさや幸福という公共価値の大切さについて改めて確認するとともに、豊かさや幸福の共有のために国家が、国際機関が、企業やNGOが、そして私たち一人ひとりが何をいかなるかたちでしていくべきかを政策的観点から考えるきっかけになることを祈っています。

二〇一八年二月

星野　俊也
大槻　恒裕
村上　正直

目次

第1章

グローバル社会におけるインフラの役割

赤井　伸郎

インフラとは、もともと、基盤を意味する言葉であるが、一般的には、公共価値をもつ社会基盤として用いられている。自給自足の社会では、経済規模・生活規模は小さく、インフラは、生活に不可欠なインフラに限られる。やがて、経済発展とともに社会活動が活発になり、それぞれの主体が社会に参加し活動をして生活をするようになると、その活動を支える仕組みが必要となる。その仕組みこそがインフラなのである。社会活動における移動を支える交通インフラ、交流を支える通信インフラなどのハードなものから、教育や福祉などのソフトなインフラも重要となる。

社会のグローバル化の進展に伴い、インフラの重要性は高まっている。グローバル化した世界において、各国で生み出された公共価値や富を有効に活用し、すべての国がともに豊かになっていくためには、どのような視点でインフラが供給されるべきであろうか？　グローバル社会のなかで、日本を活性化するインフラのあり方はどのようなものであろうか？　そのためには、国内外で日本政府はどのようにインフラに関わっていくべきであろうか？　より具体的には、「国内でのインフラ整備のあり方」および「ODAなどの資金援助を通じた、海外でのインフラ整備への関与」など、多面的に議論する余地がある。

本章は、この疑問に答えるべく、現在における政府の取り組みを紹介し、日本を活性化するインフラの今後のあり方を検討する。

本章は、以下のように構成される。第1節で、公共価値をもつ社会基盤の位置づけとして、インフラの提供と責任主体について経済学の視点から整理する。第2節では、日本を活性化するインフラのあり方として、具体的に、日本国内におけるインフラと、海外におけるインフラの二つの視点から、政府の取り組みを概観する。最後に、これらの政府の取り組みを踏まえて、さらなる方向性を検討する。

1 インフラの提供と責任主体——経済学的解釈

公共価値や富の共有に必要なインフラは、誰が責任をもってどのように構築すべきなのであろうか？　経済学の解釈によれば、これは以下のように整理される。

インフラの提供――費用便益の視点

公共価値や富の共有は、社会全体を豊かにするという意味で、社会全体に恩恵をもたらす。一方で、そのために必要なインフラの構築には、社会的な費用がかかる。この社会的な費用に対し社会全体の恩恵（便益）が上回る場合には、そのインフラは構築されるべきである。もちろん、費用が便益を上回る場合には、構築されるべきではない。たとえば、利用者が少ない道路は、社会的便益も少なく、費用に見合う便益が見込まれないことから、構築すべきではないということになる。

インフラの提供――提供責任と提供主体

費用を上回る便益がある場合にはインフラは構築すべきであるが、便益は社会全体に及ぶものであり、個人レベルでみれば、便益は費用と比較して小さいかもしれない。その場合にはインフラは提供されない。一方で、もし仮に、各個人や各企業それぞれが、最小限の費用に見合うだけの便益を得る場合には、各個人や各企業が、インフラの提供を自ずから行うインセンティブはある。

実際、社会に役立つ公共価値を、各個人が提供する例もみられる。しかしながら、個人のインフラの提供は、個人の便益に見合う分しか提供されない。一方で、その便益は社会全体に及び、社会の便益は、個人の便益よりも大きい（経済学では、この性質を、正のスピルオーバー（外部性）と呼ぶ）。このとき、個人で供給されるインフラの規模は、社会で必要とされる規模よりも小さくなる（過少供給）。

次に、企業がインフラを供給できないかを考えてみる。企業は、基本的には、利潤を生み出し最大化することを目的とする組織であり、インフラを構築する場合、その費用をまかなえるだけの収入を得ることが必要となる。高速道路のように、利用料の徴収が可能なインフラは企業による提供も可能である。しかし、土地買収など企業だけでは調整が困難な場合には、政府の関与も必要となる。また、社会便益が社会全体に及び（つまり、正の外部性が大きく）、便益に見合う利用料を集められない場合には、得られる収入に見合う規模のインフラしか構築されないために、企業によるインフラの提供規模も、個人の場合と同様、過少となる。

このような状態は、（市場では効率的な資源配分が実現できないという意味で）「市場の失敗」と呼ばれている。すなわち、インフラの供給が、最適な規模と比べて過少になる。この失敗（過少供給）を克服するために、何らかの方法でこの過少なレベルを引き上げる必要がある。

その方法の一つとして個人・企業への補助金が考えられる。補助金により費用を引き下げることで、個人・企業に、インフラの供給を増加させることができる。しかしながら、そもそも供給費用が大きすぎて個人・企業によって供給されないインフラも多い。都市公園など大規模なインフラがそれに該当する。その場合には、便益を受ける利用者全員から強制的に負担金を徴収して、インフラを供給することが社会的に望ましい。便益が社会全体に及ぶ場合には、税金が供給のための負担金としての手段となる。強制的な負担金としての課税を行うことができるのは政府だけであり、これが、政府がインフラを提供する正当理由となる。

上記では、「正のスピルオーバー」というインフラの特徴に着目し、政府が関与する意義を述べたが、加えて、インフラには、もう一つの特徴も存在する。小さい規模ではほとんど便益を発しない一方で、ある程度の規模が整ったときに、大きな便益を発生する（つまり、費用に見合う便益が生まれ、提供価値が高まる）。経済学では、この性質を、「規模の経済性」と呼ぶ。たとえば、空港・港湾・道路など、利用価値を得るためには一定の規模が必要となる。この場合は、市場（個人や企業）では、インフラの提供は可能ではなく、市場の失敗が生じる。この場合も、この市場の失敗を克服するために、市場の介入が必要となり、これこそが政府がインフラを提供する責任をもつ根拠となる。

ただし、そのインフラをどのような形で提供させるのか、すなわち、いかに効率的に提供するのかというきわめて経済学的な課題が残る。

インフラの提供に責任をもつ主体と、インフラを提供する主体は、必ずしも一致する必要はない。すなわち、インフラの提供に責任をもつ主体がサポートする形で、インフラを最も効率的に（最も低い費用で）提供できる主体が、実際に提供することが社会的に望ましいといえる。

近年注目されているＰＰＰ（Public-Private-Partnership：官民間パートナーシップ）は、この視点を取り入れたものといえる。政府（官）がインフラの提供を直接行うためには、すべてのリスクに対して、そのリスクをコントロールする費用を支払う必要がある。しかしながら、実際には、一部のリスクに関しては、官よりも民間の方が、より低い費用でリスクコントロールが可能である（たとえば、インフラの将来更新費用の拡大リスクは、検査技術などの民のノウハウで軽減できる可能性が高い）。この場合には、一部のリスクを民間に移譲して官民パートナーシップの下でインフラを提供していくことが社会的に最も効率的となる。民間を有効に活用することで、民間のマーケットの育成も可能となる。

国を超えたグローバルインフラのあり方（正のスピルオーバー）

上記で述べたように、インフラの便益が、国内にとどまる場合には、その国を統括する政府が、地域内の便益と費用を考慮してインフラを整備すればよい。しかしながら、社会のグローバル化に伴い、移動する財と同様に、移動しないインフラも国を超えて影響をもたらすようになってきた。たとえば、空港・港湾インフラは、主に国内での人流・物流の移動を支えるものであったが、社会のグローバル化に伴い、今日では、国際移動のための重要なグローバルインフラとなっている。相手国の空港・港湾インフラの整備は、人流・物流の国際移動を可能とし、自国にも便益をもたらす。すなわち、正のスピルオーバーが存在する。その場合、自国が相手国のインフラ整備をサポートする意義が生じる。その正のスピルオーバーは、政府が行うＯＤＡ（政府開発援助）の根拠の一つでもある（外務省のＯＤＡのホームページでは、「開発途上国の安定と発展に貢献することで、望ましい国際環境を形成し、そのことを通じて、日本国民の利益の増進にも貢献する」と書かれており、これが、海外でのインフラ構築による正のスピルオーバーである）。国を超えたグローバルインフラの提供や整備が成功するためには、関係国間で信頼関係を築き、協調することが大事である。すなわち、民間に加え国同士が長期的なパートナーシップを維持する仕組みづくりが大事である。

2 グローバル社会におけるインフラ——日本を活性化する仕組み

本節では、グローバル社会における、インフラを活用した日本経済の活性化に向けての仕組みづくりについて検討する。グローバルな社会においては、インフラは二つの効果をもつと考えられる。第一は、日本と海外との間での人と物の動きが活発となり、日本国内が活性化される効果である。第二は、日本企業が海外において活躍することが可能となり、日本経済が活性化される効果である。前者においては、インフラは、その効果を促進する役割を果たす一方で、後者においては、インフラそのものが海外で活躍するためのビジネスの武器となる。

■日本への人流・物流拡大促進のためのインフラ整備・運営

ここでは、人と物の動きが活発になることを通じた日本経済活性化の効果に着目する。インフラは、日本と海外との間での動きをより円滑にする重要な役割を果たす。

まず、国内と海外との間の「人」の動き、人流に着目してみよう。グローバル社会においては、ビジネス客が世界を飛び回る。国内から海外へ、海外から国内へ、ビジネス客が移動し、それが、日本および海外のビジネスを活発化させる。また、アジアで最も早く経済成長を果たした日本では、これまで、日本から海外に出かける観光客が多かったものの、アジアの成長や（二〇一四年以降の金融緩和による）円安の影響およびビザ緩和の影響もあり、海外から日本へ来る観光客がここ数年急増している。海外からの観光客は、日本国内で消費を行い、日本経済を活性化させる。

このような人の動きを支えるのがインフラである。入出国では、空港が重要なインフラとなる。特に、時間価値の高いビジネス客や、イメージの需要弾力性が大きい観光客は、空港のサービス・イメージの度合いが大きな影響を与えるともいわれている。また、近年、クルーズ船による日本への観光が急増している。この場合には、港湾インフラが重要となる。船の規模は拡大しており、入港できる設備などのハードインフラに加え、スムーズで適確な入国管理などソフトインフラの効率化も鍵となる。

これら空港および港湾の人流に関して、空港・港湾の高機能化に向けた試みが国の政策として進められている。たとえば、空港の民営化や、港湾におけるクルーズ客船の受け入れ体制強化である。空港の民営化は、ＰＦＩ（Private Finance Initiative：民間の資金、経営能力、技術的能力を活用することにより、国や地方公共団体等が直接実施するよりも効率的かつ効果的に公共サービスを提供する新しい手法である）法の改正で設定されたコンセッション（公共施設等運営権制度）を活用する方向で議論が進んでいる（二〇一七年度時点で、十地域の空港でコンセッションの動きがある）。コンセッションとは、公共施設の運営権を民間に委譲し、民間が、空港の所有者である国や自治体と契約を結び、自由度をもって空港運営を行う制度である。単なる委託とは異なり、契約の範囲で、料金も民間が独自に設定するため、民間のノウハウの活用が期待される。グローバル化する社会のなかで、世界的視野での空港運営が求められている今、民間の視点は欠かせない。この方式により、インフラがグローバル社会に適応した形で活用されることが期待される。

また、港湾の受け入れ体制強化に関しては、クルーズを受け入れる日本国内の自治体からなる全国クルーズ活性化会議が二〇一三年に組織され、日本政府への要望を行っており、様々な改善がなされてきている。特に効果を上げているのが二〇一五年一月に創設された船舶観光上陸許可制度の創設であり、これにより、入国時に、顔写真の撮影を省略でき、入国審査手続を円滑化できるようになった。その結果、クルーズ船による日本への寄港が増加し、地域活性化につながっている。また、この制度により、船舶観光上陸許可制度を利用した渡航の場合、ビザ免除国の国間でなくても、ビザ無しで日本に上陸できるようになった。たとえば、中国（メインランドチャイナ）人でもビザ無しで入国が可能となる。ビザ緩和は、不法入国とのバランスを考慮してなされるものであり、この制度は、クルーズという特別な渡航の特徴を考慮して導入されており、グローバル社会に適応したソフトインフラともいえよう。さらに、二〇一七年度からは、港湾の施設を官民連携で構築する「国際クルーズ拠点」プロジェクトが開始されている。船社に岸壁を優先的に利用できる権利を与える代わりに、クルーズ船社が岸壁の施設に投資を行うものであり、長期的な官民連携の取り組みである。

次に、国内と海外との間の「もの」の動き、物流に着目してみよう。グローバル社会においては、日本国内で消費される財の一部は、海外から輸入され、日本で生産された財の一部は海外へ輸出される。その際に不可欠なインフラが、空港と港湾である。物量ベースでは、九九％の財が海運を利用し、主に付加価値の高い財が空輸となる。空港では、時間効率性が重要となり、二四時間利用可能な空港施設などのハードインフラに加え、ＣＩＱなどソフトインフラの効率化が鍵となる。港湾では、大量の荷物を正確に安く移動することが求められ、コンテナの高機能化により、港湾施設はグローバルな社会の物流を支える不可欠なインフラとなった。

これら空港および港湾の物流に関して、国の政策として、空港・港湾の高機能化に向けた整備が進められている。たとえば、空港の民営化や、港湾におけるコンテナ貨物の取扱い体制である。空港の民営化は、すでに人流への効果として述べたが、物流（航空貨物）にも大きな効果を上げることが期待される。また、港湾のコンテナ貨物の取扱い体制に関しては、民間の活力を活用する港湾運営会社の制度が導入された。また、大規模な港湾の運営会社には、グローバル社会のなかで国としての対応も必要となるため、国の出資もなされている（詳しくは、「国の国際コンテナ戦略港湾政策」を参照）。

日本企業の海外進出――インフラ輸出と政府のサポート

ここでは、日本企業の海外進出を通じた日本経済活性化の効果に着目し、海外でのインフラの構築および日本政府による支援（以下、「インフラ輸出」という）が、海外で日本企業が活躍するチャンスにつながることを解説する。

日本国政府は、日本企業の「インフラ輸出」のチャンスを確保するため、資金面からのサポートを行っている。この仕組みは、ＯＤＡ（Official Development Assistance：政府開発援助）と呼ばれ、「開発途上地域の開発を主たる目的とする政府及び政府関係機関による国際協力活動」の一部である。「ＯＤＡは、平和構築やガバナンス、基本的人権の推進、人道支援等を含む開発途上国の「開発」のために、政府または政府の実施機関によって、開発途上国または国際機関に対し、公的資金を用いて資金・技術提供を行うもの」と説明されている（図1参照）。

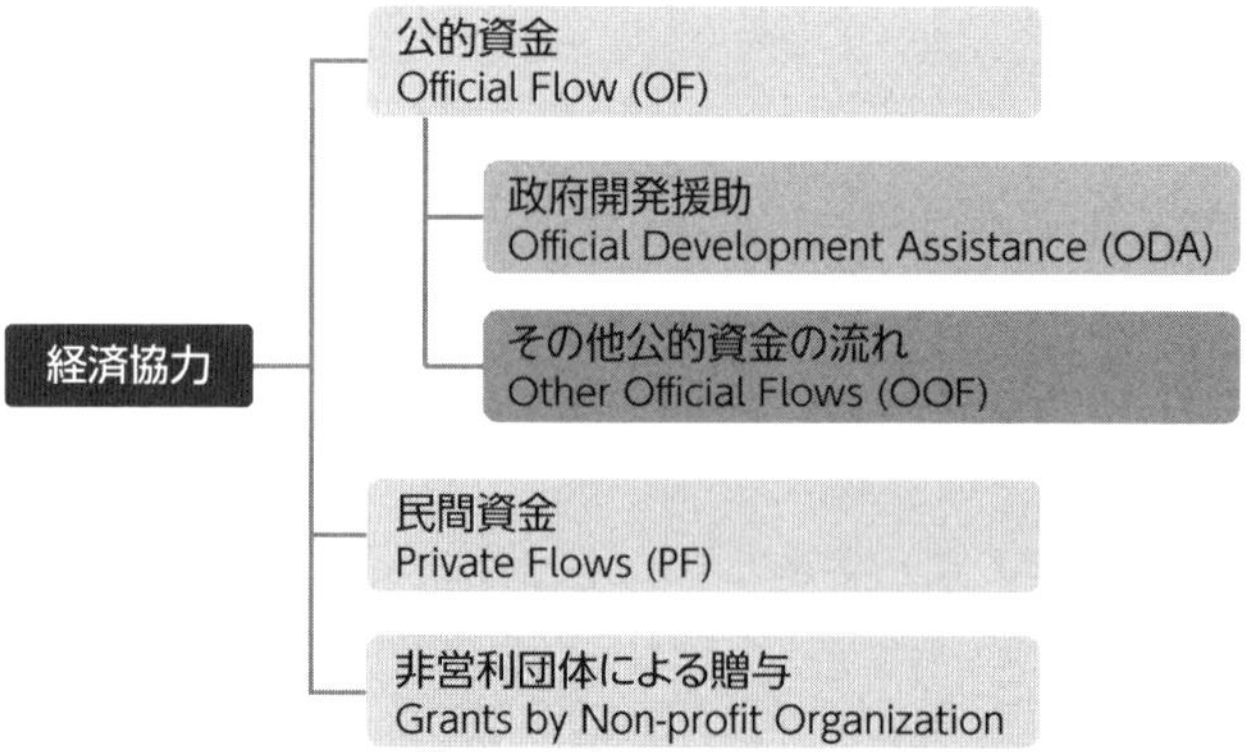

図１　経済協力における ODA の位置づけ
出典：外務省　ODA（政府開発援助）の解説ページより抜粋

また、その他にも、インフラ輸出をサポートする政府機関がある。たとえば、日本の政府機関として、日本貿易振興機構（JETRO）、国際協力機構（JICA）、国際協力銀行（JBIC）、日本貿易保険（NEXI）などがある。また日本政府は、アジア開発銀行（ADB）にも出資している。

新興国においては、基礎となるインフラが未熟である。そのような新興国においては、まず、市場を支えるインフラを構築することが必要となる。日本で高機能化したインフラを海外に輸出する（海外でインフラ構築を担う）ことができれば、インフラの構築自体が日本企業のビジネスチャンスになるのである。

しかしながら、インフラ分野をビジネスとしてとらえるためには、企業側の信用力と資金力が必要となる。この信用力と資金力の構築こそ、日本の政府機関がインフラ輸出をサポートする意義である。

以下では、我が国の海外向けインフラ投資の位置づけを概観する。政府の動きに関する詳細な解説は、神田（二〇一五）および中里（二〇一五）が詳しい。

政府は、二〇一三年三月に「経協インフラ戦略会議」を発足させ、日本企業におけるインフラシステムの海外展開のあり方を議論している。二〇一三年五月には、「インフラシステム輸出戦略」を取りまとめた。本戦略では、これまでの状況を以下のように振り返っている。

「我が国企業はエネルギー、交通、情報通信、生活環境等の現在の主力となっている分野において、個別の製品や要素技術では世界トップ水準のものが多いが、厳しい国家間競争のなかで、価格をはじめとする相手国・企業のニーズへの対応力の差、優れた機器や技術をもとにしたマーケティング、ブランディングといった経営面でのノウハウの不足、運営・維持管理まで含めた「インフラシステム」として受注する体制が整っていないことやインフラ海外展開を担える人材が限定的であること等から、これまでの受注実績においては欧米や中国・韓国等の競合企業に大きく水をあけられている現状にある。」

この点を踏まえて、本戦略では、我が国インフラの海外展開に対する直接的かつ中核的支援策として、以下の五つの施策の柱を掲げている。

1. 企業のグローバル競争力強化に向けた官民連携の推進
2. インフラ海外展開の担い手となる企業・地方自治体や人材の発掘・育成支援
3. 先進的な技術・知見等を活かした国際標準の獲得
4. 新たなフロンティアとなるインフラ分野への進出支援
5. 安定的かつ安価な資源の確保の推進

これらすべてにおいて、トップセールスはもちろん、政府は適確なサポートをしていく必要がある。

また、二〇一四年二月には、海外交通・都市開発事業支援機構（ＪＯＩＮ）が発足した。本機構の概要によれば、設立の背景としては、「各国において、交通や都市開発のプロジェクトは、大きな初期投資、長期にわたる整備、運営段階の需要リスクという特性があるため、民間だけでは参入困難」であるとされ、本機構が「交通事業・都市開発事業の海外市場への我が国事業者の参入促進を図る」ための意義があるとして、以下の支援を一体的に行う仕組みを創設している。

①我が国企業の主導による事業化を促進するため、我が国の知識・技術・経験を活用するプロジェクトに対し、資金供給を行う（出資等）。

②長期間にわたる事業を的確に運営するため、事業参画を行う（人材の派遣、相手国との交渉等）。

これまで、新興国への政府の関与は、ＯＤＡ（政府開発援助）を通じて行われてきた。二〇一四年に、「政府開発援助（ＯＤＡ）大綱の見直し」が議論され、新たなグローバル社会に適応した「開発協力大綱」が二〇一五年二月に決定された。この大綱において、インフラに関しては、「効果的・効率的な開発協力推進のための原則」のなかでの「日本の持つ強みを活かした協力」として、「インフラ建設等のハード面の支援のみならず、その運営管理等のシステム、人づくりや制度づくり等のソフト面の支援を総合的に行うことにより、日本の経験と知見をより積極的に活用していく。」と述べられている。

この状況を踏まえて、政府は、二〇一五年五月、「質の高いインフラパートナーシップ」構想を提案し、「今後五年間で従来の約三〇％増となる約一一〇〇億ドルの「質の高いインフラ投資」をアジア地域に提供」するという目標を掲げている。この「質の高いインフラパートナーシップ」を支える柱として、政府は、以下の四つの視点を掲げている。

1. 日本の経済協力ツールを総動員した支援量の拡大・迅速化
2. 日本とアジア開発銀行（ＡＤＢ）のコラボレーション

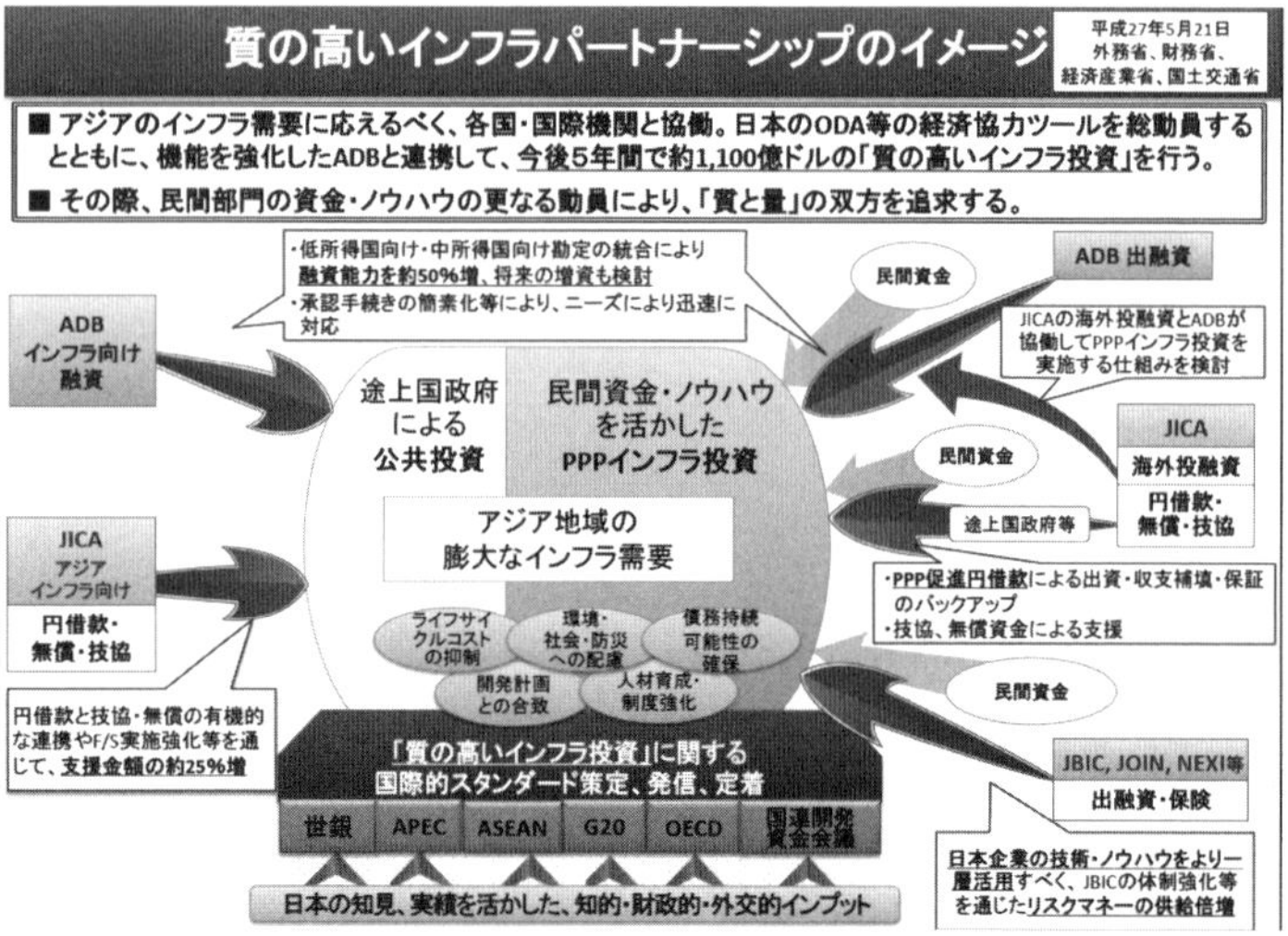

図２　質の高いインフラパートナーシップのイメージ
出典：質の高いインフラパートナーシップ～アジアの未来への投資～（外務省、財務省、経済産業省、国土交通省）2015年5月21日

3．国際協力銀行（ＪＢＩＣ）の機能強化等によるリスク・マネーの供給倍増

4．「質の高いインフラ投資」の国際スタンダードとしての定着

イメージは、図2にまとめられる。

また、二〇一六年五月には、Ｇ７伊勢志摩サミットにあわせ、「質の高いインフラ輸出拡大イニシアティブ」として、以下の三点に取り組むことを表明している。

1．資源エネルギー等も含む世界全体のインフラ案件向けに、今後五年間の目標として、約二〇〇〇億ドルの資金等の供給。

2．円借款手続きの更なる迅速化や、民間企業の投融資を奨励するための関連する各種制度・運用の改善。
3．JICA、JBIC、NEXI、JOGMECその他の関係機関の体制強化と財務基盤確保。

官民一体のリスク管理能力向上とターゲットの明確化

まず、日本におけるインフラ整備・運営の方向性について述べる。

人流・物流は、海外の経済社会状況にも依存するが、日本への玄関口や日本国内での流れがスムーズになるように、空港・港湾をはじめ、様々なインフラの整備・運営の強化は重要であり、これにより日本の経済成長が促進される。国内におけるインフラ整備に関しても、将来のアジアの動きを見据えた長期的な戦略が不可欠である。

次に、インフラ輸出と政府のサポートの方向性について、すでに、「質の高いインフラパートナーシップ」では、官民一体の強い仕組みが提案されており、また、インフラの提供に関わる様々な機関（日本の経済協力ツール）が存在する。しかしながら、ツールが多いことは、時には、合意に向けての対立や遅れにつながることがある。これらの機関が、各機関の役割分担を明確にし、効率よく協力し合うことが求められる。また、海外交通・都市開発事業支援機構（ＪＯＩＮ）に代表されるように、新しく積極的に政府が関与する姿勢は評価されるが、政府がリスクを引き受けすぎることで民間の努力を妨げないことが求められる。費用が高くても質の高さでそれに見合う便益を生み出すことができることが日本のインフラ輸出の強みであることを認識し、その強みが活かせるマーケットをターゲットにすることが望ましい。加えて、そのようなマーケットを増やすため、技術標準の構築段階から関与する意義もあるであろう。中華人民共和国が提唱し主導する形で二〇一五年一二月に発足したアジア向けの国際開発金融機関であるアジアインフラ投資銀行（ＡＩＩＢ：Asian Infrastructure Investment Bank）との競争も生まれてくるであろう。競争は大事だが、危険なリスクテイク競争に陥る危険性もある。そうならないためにも、官民一体のリスク管理能力の向上やターゲットの明確化が不可欠である。

参考文献

神田直人「インフラ支援について」『ファイナンス』（二〇一五年七月号）財務省。
中里幸聖「インフラ輸出を支援する公的金融―「質の高いインフラ」整備を実現するための機能強化―」『ＤＩＲリサーチレポート』（二〇一五年八月一四日）大和総研。http://www.dir.co.jp/research/report/capital-mkt/20150814_010019.html

第2章

経済のグローバル化がもたらした金融政策の限界

後藤　正之

世界経済ではここ数年、過去には想像もつかなかったような出来事が生じている。なかでも特筆すべきは、マイナス金利の出現だろう。つい最近までは、金利がゼロ以下になることなどあり得ないと考えられていた。というのも、もし金利がマイナスになれば、お金をもっている人にとっては、銀行などの金融機関にお金を預けると損をしてしまうので、現金のままで保有すると想定されるためである。そうなれば銀行など金融機関にお金を預ける人がいなくなり、金融機関が経営できなくなってしまうはずだ。

しかし現実には、欧州諸国や日本で金利はマイナス水準となり、しかもそうした状態がしばらく続いている。本章では、なぜこのような異例な事態が生じたのかについて、経済のグローバル化と絡めて検討したい。

1　常態化するマイナス金利

各国の金利動向

そもそも金利とはお金（マネー）の貸借に伴って借り手が貸し手に払う対価であり、お金の価格ともいうべき性格をもっている。金利の水準は、原則的に国全体でのお金の需要・供給の関係によって決まり、貸したいと考えている人がもつお金の総量が、借りたいお金の総量よりも少なければ金利は上がるし、逆に多ければ金利は下がる。こうしたお金の貸し借りの総量の増減に関しては、銀行の銀行である中央銀行（日本では日本銀行）の金利政策が大きな影響力を有している。

図1は、本稿執筆時点である二〇一六年半ばまでの、主要国金融市場における名目短期金利の動向を描いている。この名目金利とは、我々が日常実際に目にしている金利であるが、その水準には将来予想される物価上昇率が反映されている。

日本の金利水準は、二〇〇〇年代に入ってから他国よりも低く〇～一％近傍で推移してきたが、これは後述するようなデフレによりもたらされたものである。しかし二〇〇八年後半から

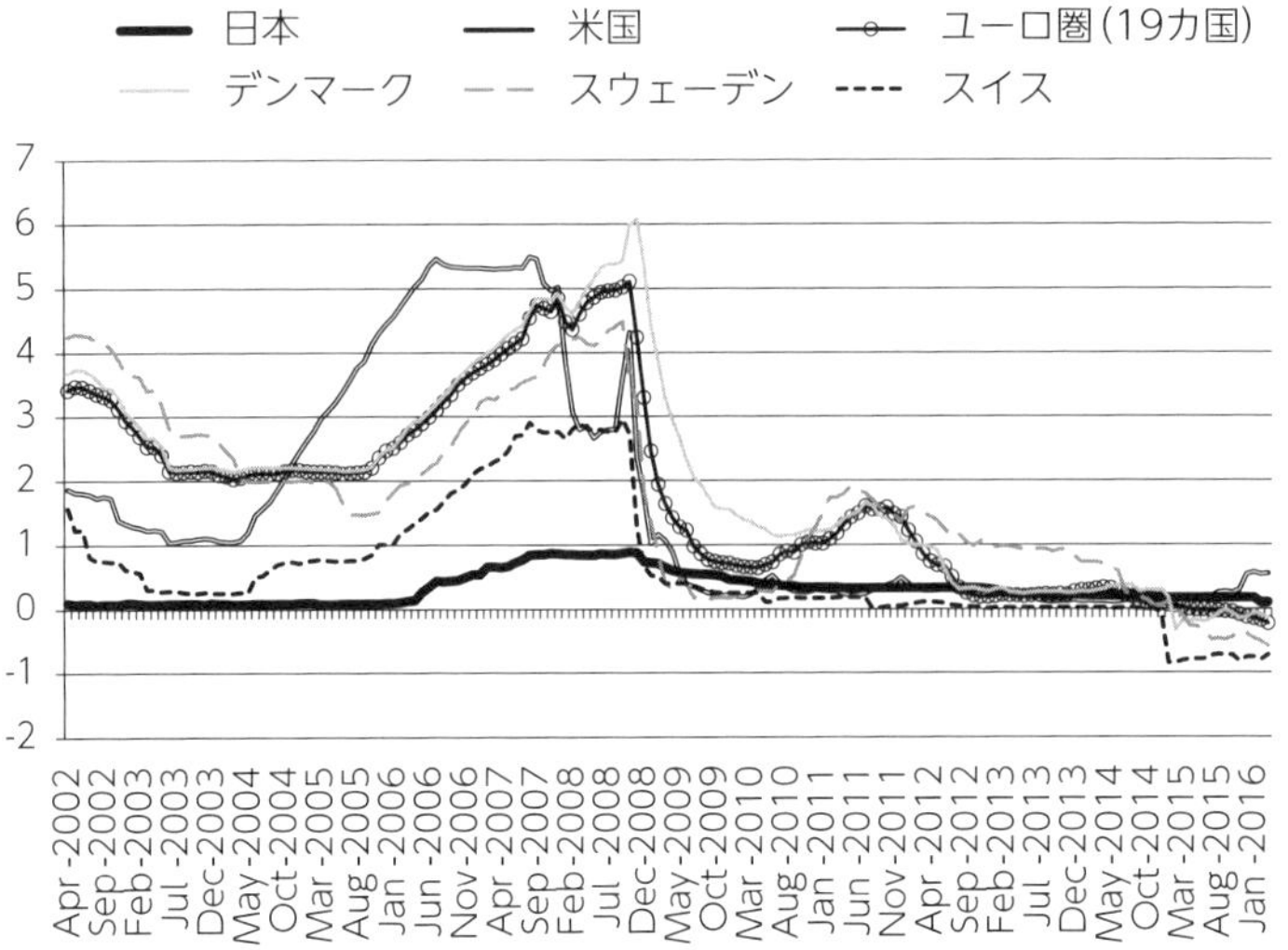

図１　主要国の短期金利（名目年率、％）
出典：OECD.Stat（http://stats.oecd.org/）

は、同年九月に生じたリーマン・ショックとそれに伴う大幅な景気後退によって、それまで日本より高水準だった欧米諸国においても金利が急低下した。特にユーロ圏や北欧諸国では、ギリシャ債務問題に起因するユーロ危機を反映して二〇一一～一二年に一時的に上昇したものの、その後再び低下し最近ではマイナスの水準で推移している。このことには、通貨高に加えて実際の物価上昇率が政策目標を大きく下回っていることに対応して、二〇一四年半ばに欧州中央銀行が金融政策に用いる金利をマイナス〇・一％に設定するなど、スイスや北欧諸国などヨーロッパの国々でマイナス金利政策が採用されたことが、大きく影響している。

中央銀行が政策金利をマイナスにするのは、民間銀行が中央銀行に積み上げた預金を企業や家計への貸出へと向かわせようとしているためである。民間どうしのお金の貸し借りにおいて、マイナス金利が適用されるのは主に金融機関間の取引であるが、それでもスイスなどでは、銀行と企業・個人間の取引にもマイナス金利が浸透してきている。

日本銀行のマイナス金利施策

二〇一六年一月二九日、日本銀行もマイナス金利政策の採用を決定したというニュースが、大きな驚きをもって迎えられた。このマイナス金利政策とは、民間銀行が日本銀行に預けている預金（「準備預金」）の一部に対し、金利をマイナス〇・一％にする、というものであった。デフレ脱却のため物価上昇率二％の達成を目指す日本銀行は、日本全体の金利水準を引き下げてお金を借りやすくすることで、金融資産の需要を増やし債券価格や株価を上昇させたり、企業の設備投資や家計の住宅建設を活発化させたりして、景気を浮揚させることを意図しているのだ。

実際その決定直後には、株価の上昇、長期国債のマイナス利回りや円安がみられるようになった。（ここで債券がマイナス利回りになったのは、債券需要増加により債券価格が上昇したためであり、円安になったのは、相対的に外国の金融資産の魅力が高まって外貨に対する需要が増えたためである。）我々の日常生活においても、実際に銀行預金金利や住宅ローン金利が引き下げられた。しかしながら、それから程なく二月に入ってからは、そのような動きは反転してしまい、当初の意図とは反対に株安・円高が急速に進行していった。

どうしてこのような事態、すなわち異例な政策の採用や当初の意図に反した市場の反応、が生じているのだろうか？

筆者は、二〇世紀末から経済のグローバル化が進展し各国経済の国際的なつながりが強まったことにより、二〇〇八年に発生したリーマン・ショックの後遺症が国際的に悪循環をもたらしていることが大きく影響したと考えている。以下では、この問題について検討していきたい。

2 世界経済のグローバル化とリーマン・ショック

現下の世界経済の状況について検討するに際して、まずは過去約二〇年の出来事を概観しておこう。

グローバル化の進展

一九九〇年代から二〇〇〇年代半ばまでの期間は、世界各国で適度な経済成長と物価の安定が両立するという、非常に好ましい経済情勢が実現していた。その主な要因として、一九八〇年代末から旧ソ連をはじめとして旧社会主義経済諸国が市場経済に移行し、特に二〇〇一年に中国が世界貿易機関（WTO）に加盟したこともあり、新興国や途上国が国際的な経済活動に本格的に組み入れられたことが挙げられる。加えて二〇〇二年には欧州で共通通貨ユーロが導入され巨大な経済圏が成立したこともあって、「経済のグローバル化」が一層進展し、世界規模で経済活動が連携し活発化していった。

その結果、貿易の拡大や海外直接投資（外国に進出して企業活動を行うための投資）の受入を通じて、国際的な経済活動における新興国や途上国の役割が大きく高まり、先進国に変わって世界経済の牽引役に至るまでになった。

特に中国を中心としたアジア諸国の製造業間で巨大なサプライチェーンが構築されたこと、またインドがＩＴを活用したサービス産業に本格的に参入したことにより、世界全体の財・サービスの需要も、またそれに対応する生産能力も、ともに飛躍的に増大した。こうして財・サービス、お金、情報、そして人の国際的な移動が活発化し、経済のグローバル化が急進展したのである。

表1は、ＧＤＰ（国民総生産）・貿易・海外直接投資の長期的な推移を、先進国、移行国（ソビエト連邦などの旧社会主義諸国）、途上国という三つのグループに分けてみたものである。

表1から、特に二〇〇〇年代に入ってからはＧＤＰ・貿易・直接投資のいずれを見ても、途上国の伸びが先進国を上回っていることがわかる。また総じて貿易の伸びがＧＤＰの伸びを上回ってきたことから、グローバル化に伴う国際取引の拡大が世界の経済成長の原動力となっていたこともうかがわれる。

こうしてお金や物が国境を越えて自由に行き来できるようなグローバル化は、新興国・途上国を初めとする世界経済成長に大きな役割を果たしてきた。しかしその一方で、後に世界経済

表 1　世界の GDP・貿易（商品輸出）・海外直接投資（受入）の推移
（年平均変化率）

	1970-80	1980-90	1990-2000	2000-05	2005-10	2010-14
名目 GDP（ドルベース）						
世界計	13.7	6.4	3.8	7.3	6.7	4.3
途上国	16.7	3.9	6.0	9.2	14.0	8.0
移行国	8.4	-1.7	-7.9	23.0	14.8	5.6
先進国	13.7	7.8	3.6	6.4	3.6	2.2
商品輸出（ドルベース）						
世界計	20.5	5.5	6.3	10.2	7.8	5.6
途上国	25.9	3.3	9.3	13.1	11.1	7.1
移行国	19.4	3.3	2.4	18.8	11.5	5.8
先進国	18.8	6.5	5.3	8.4	5.4	4.3
直接投資受入（ドルベース）						
世界計	15.2	14.2	20.9	-7.4	7.4	-1.9
途上国	7.0	16.7	21.0	7.3	11.9	4.1
移行国	-	12.3	54.4	40.7	18.8	-10.5
先進国	17.3	13.7	20.8	-12.9	3.6	-7.2
（参考）一人あたり実質 GDP（2005年価格・為替レートベース）						
世界計	1.9	1.3	1.3	1.7	1.1	1.3
途上国	3.4	1.3	3.1	3.9	4.8	3.5
移行国	4.0	3.2	-4.7	6.7	3.8	2.6
先進国	2.6	2.5	1.9	1.5	0.3	0.9

出典：UNCTADSTAT（http://unctadstat.unctad.org/EN/Index.html）

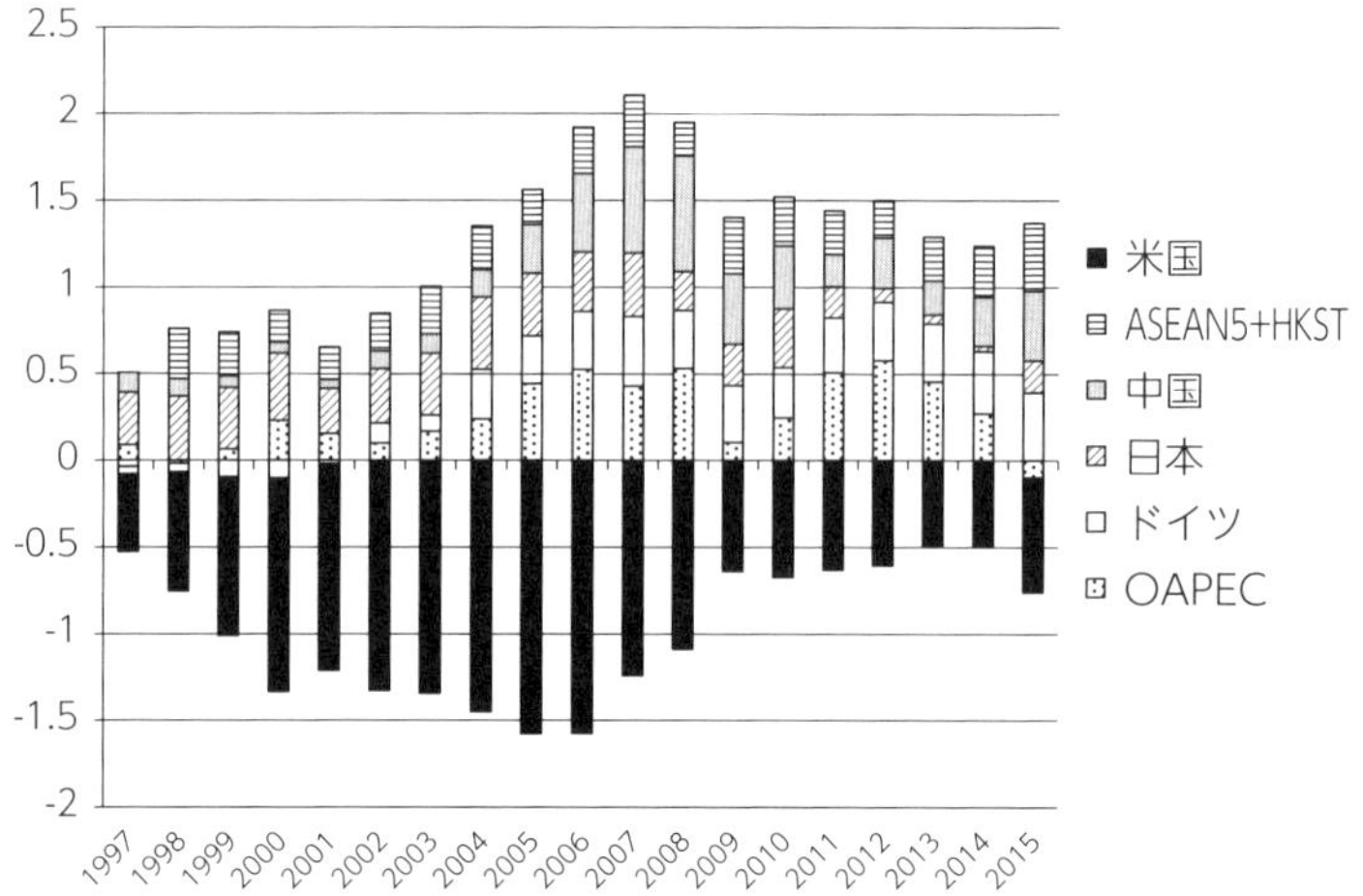

図２　主要国・地域の経常収支の対世界 GDP 比（%）

（注）図中の地域表記は以下のとおり。

- ASEAN5：インドネシア、マレーシア、フィリピン、タイ、ベトナム
- HKST：香港、韓国、シンガポール、台湾
- OAPEC（アラブ石油輸出国機構）：サウジアラビア、アルジェリア、バーレーン、エジプト、アラブ首長国連邦、イラク、クウェート、リビア、カタール、シリア

出典：IMF "World Economic Outlook Database" (https://www.imf.org/external/pubs/ft/weo/2016/01/weodata/index.aspx)

を不安定化させるような要因をも、拡大させてしまったのである。

図2は、主要国・地域の経常収支の推移を描いたグラフである。ここで経常収支とは、当該国と外国との間での、お金の流れの収支バランスを示すもので、主に財・サービスの貿易収支と所得収支（当該国企業の外国での活動と外国企業の当該国での活動の間での所得の差額）から構成されている。なお各国の経常収支の金額は経済規模が拡大するに伴い大きくなっていくので、こ

こでは世界全体のGDPとの比率をとった上で経時的な変化をみている。

図2から、前述した新興国の輸出増加は、アメリカに代表される先進国の需要を満たすため、一次産品や国際的生産ネットワークを通じた中間財（最終製品を作るための部品等）の取引拡大に支えられていたことが見て取れる。すなわち、日本・中国など製造業に秀でたアジア諸国とアラブの産油国が、ほぼ一貫して経常収支黒字を続けている反対側で、アメリカが大幅な赤字を続けてきたことが確認できる。これは、①アメリカが日本・中国・ドイツ等から製品を輸入する、②日本や中国は国際的な生産ネットワークを構築してアジア新興国から部品等を輸入する、③こうした生産活動に必要な原油や鉱石等の一次産品の貿易が拡大する、④日中独や産油国などは経常収支黒字で得たドルを米国債の購入などの形でアメリカに融資し、アメリカはそのお金で輸入をまかない経常収支赤字が増大する、という形で世界的な経済取引が進展してきたことを物語っている。

リーマン・ショックの発生

こうして二〇〇〇年代半ばまでは、各国経済の結びつきが強化されたことにより世界経済は順調な拡大を続けてきた。そのようななか、二〇〇八年九月にアメリカの大手投資銀行リーマン・ブラザーズ社が破綻したことをきっかけとして、世界中の国々で経済が大混乱に陥ってしまった。この事態は「リーマン・ショック」と呼ばれている。それ以前の期間に各国間の経済連携関係が強まったことで、今度は逆にリーマン・ショックによる悪影響が、急速にしかも増幅されながら、世界中の国に広まっていってしまったのである。

アメリカでリーマン・ショックが生じた大きな要因としては、特に二〇〇〇年代に入ってから家計の住宅ローン借入が急拡大したことが指摘できる。この時期には金融取引手法が高度化し、住宅ローンを基にした新たな金融商品が次々に作られた。それによって住宅ローンの貸出額もさらに増加して住宅需要を刺激し、住宅の価格をさらに上昇させた。そうした金融商品の主要な買い手は海外の金融機関であり、やがては株価など金融資産全般の価格も全般的に上昇していった。こうした地価や金融資産価格の上昇が、ひいてはアメリカの消費を、それに伴い海外からの輸入も増加させてきたのである。すなわち地価が上昇すれば、住宅所有者にとっては自宅の担保価値が上がり、より多くお金を借りることができる。このため、自動車購入を初めとした消費支出や株式購入などの投資が増える。その結果国全体の景気が良くなり企業収益が増加するとともに家計の所得水準も上がることから、値上がりを見越した住宅需要もまた増加し、さらに地価が上昇するという循環が発生した。このアメリカの消費増加は、図2でみた

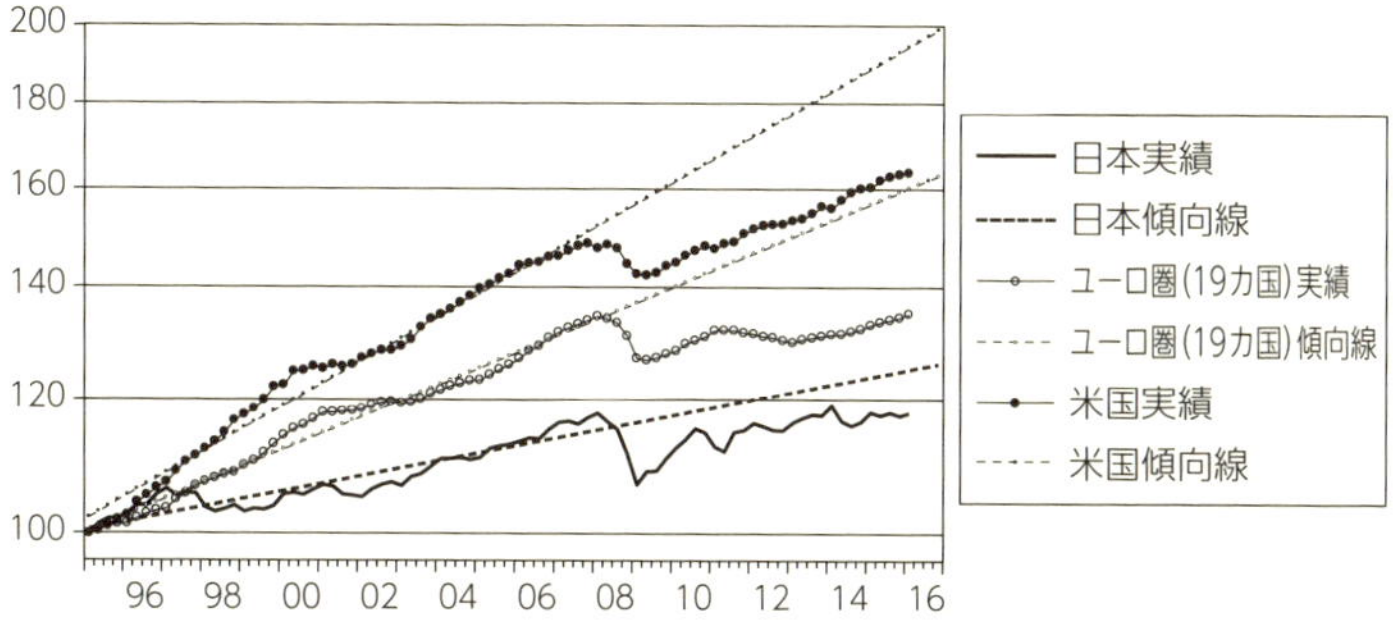

図３　米国・ユーロ圏・日本の実質ＧＤＰの推移
（1995 年第１四半期＝ 100）

（注）①縦軸は対数表示である。
②傾向線（タイムトレンド）は、1995 年第１四半期から 2008 年第２四半期を推計期間とする対数回帰により推計し、2008 年第３四半期以降はこれを外挿したもの。

出典：OECD.Stat、筆者試算

ように国際収支の悪化をもたらした。経常収支が悪化した場合には、それを賄うために外国からお金を流入させる必要があるが、住宅ローンを基にした金融商品に対する国際的な需要は強く、資金流入も円滑に進んでいった。

しかしアメリカの住宅価格が二〇〇〇年代半ばから低下に転じたため、二〇〇七年夏からアメリカの住宅金融関係会社の経営危機が深刻化した（「サブプライム危機」）。さらには、住宅ローンから派生した金融商品でも大幅な価格下落が生じて、それらを大量に保有するアメリカ内外の金融機関の経営状況が損なわれていった。その頂点が大手投資銀行のリーマン・ブラザーズ社の破綻であった。このリーマン・ショックが金融市場での悪影響の連鎖をさらに深刻化させたことで、世界中の金融システムが機能停止寸前に至るまでの大打撃を受けた。その影響は貿易や国際的なお金の流れ全般にも波及して、世界各国の経済に大きな衝撃を及ぼしていった。

図3は、一九九五年から二〇一五年半ばにかけての米国・ユーロ圏（一九カ国）・日本における、実質GDPの推移を見たものである。それぞれの国・地域ごとに実質GDPの実際の値と、一九九五年からリーマン・ショック直前までの実質GDP成長の趨勢が二〇〇八年半ば以降も続いたと仮定した場合の傾向線とを描いている。

ここまでに述べてきたような世界経済の状況は、この図3に集約されている。すなわち、第一に二〇〇八年半ばまでは米・ユーロ圏・日本のいずれも実質GDPは安定的に成長していたこと、第二に二〇〇八年半ばにリーマン・ショックの影響で実質GDPが急減したこと、第三にそれ以降は過去の成長トレンド（長期的傾向）を大幅に下回って推移していること、である。ちなみに、日本では米欧に比べて一貫して実質GDPの成長率が低かったが、これは一九九〇年代初の「バブル崩壊」の悪影響が長期にわたり持続してきたためである（いわゆる「失われた二〇年」）。

もちろん各国の政府は、こうした非常事態に対処するため、リーマン・ショック発生直後から過去に例のない大胆な金融緩和を実施してきた。その甲斐あって、当時危惧されていた一九三〇年代のような「大不況」の再来は回避できたが、それでも大規模な景気後退が長期間続き、いまだに一九九〇年代からリーマン・ショック以前の間のような安定した経済成長経路に復帰するには至ってはいない。

こうした流れのなかで、特に物価の動向も特に大きく変化し、それに伴って金融政策の運営手法において根本的な変革が求められるようになった。実はこのことが、冒頭に示したマイナス金利発生の起源なのである。

次節では、こうした物価と金融政策を巡る問題について検討する。

3 低インフレ率の定着と金融政策の変貌

物価安定の重要性

物価の安定は、日常の国民生活に身近な問題であることから、各国の経済政策において最も優先度が高い課題となっている。そもそも物価は、経済の体温とも呼ばれるように、一国の経済がバランスのとれた状況にあるか否か、という重要な情報を示す経済指標である。一国の経

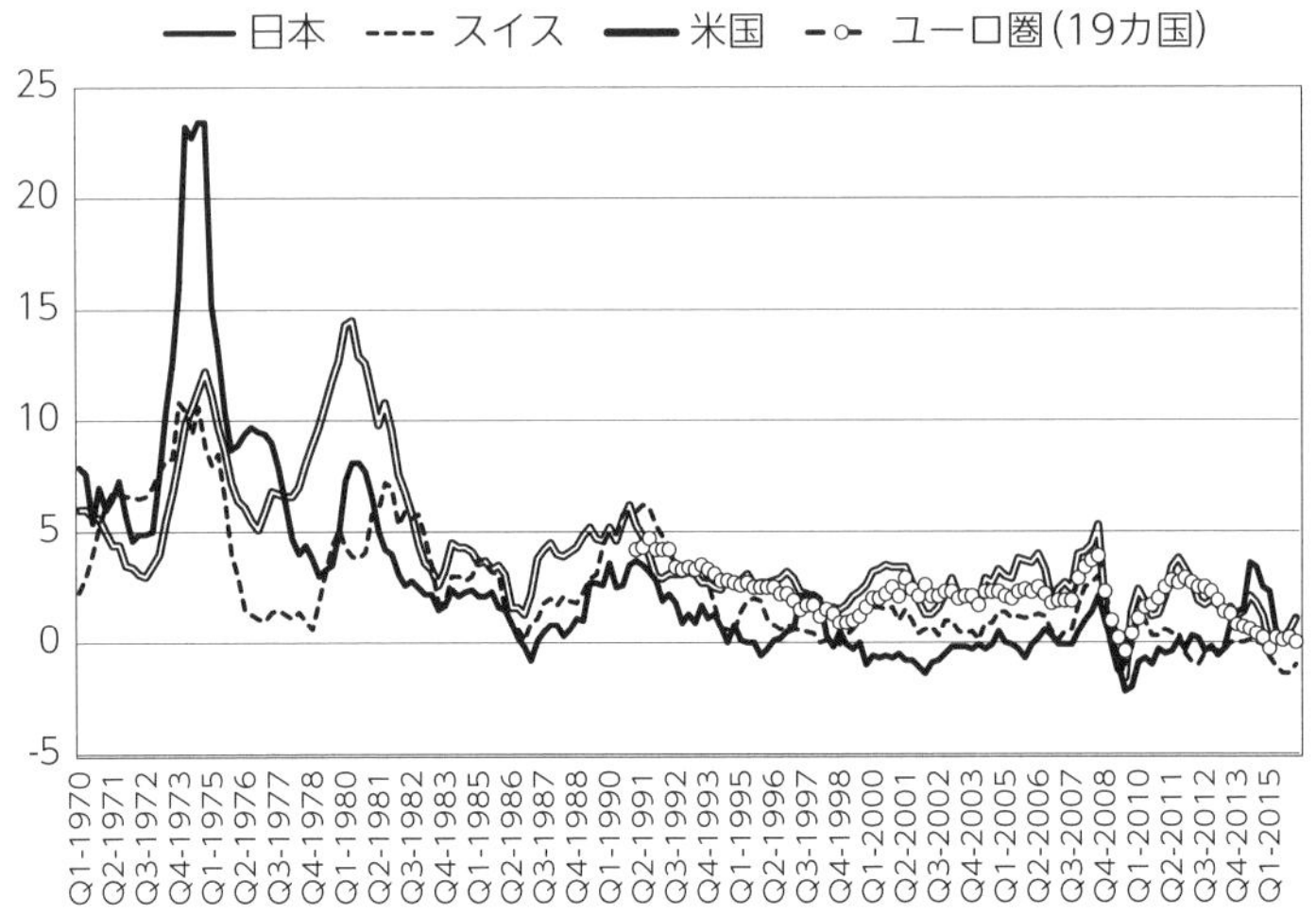

図４　消費者物価上昇率の推移（対前年同期比変化率、％）
出典：OECD.Stat

済全体で生産・供給できる財・サービスの量と比較して需要の方が強い状態、いわゆる景気が良い状況では物価は上昇する。逆に需要が弱く景気が悪い状況では、物価上昇率は低くなるし、場合によれば物価水準が下落することさえある。

持続的に物価が上昇することは「インフレーション」（インフレ）、持続的に下落することは「デフレーション」（デフレ）、と呼ばれている。過去では物価の上昇が一般的な傾向だったため、物価上昇率はインフレ率とも呼ばれている。

図４は、先進主要国・地域における、長期にわたる消費者物価上昇率を描いたグラフであるが、概ね以下のことが読み取れる。第一に、一九七〇年代前半と八〇年代前半

には、二桁にもなる物価上昇率であったこと（共に石油価格の急上昇が原因であり、それぞれ「第一次石油ショック」、「第二次石油ショック」と呼ばれている）、第二に、九〇年代半ば以降、日本はゼロ～マイナス一％近傍で、他の国や地域は二～三％近傍で安定的に推移してきたこと（日本の一九九七年と二〇一四年の上昇は消費税増税に伴う一過性のものである）、第三に〇七～八年に共通して急上昇・急降下の動きを示していること、第四に近年ではやはり各国共通してゼロ％近傍まで低下していること、である。この第三・第四の動きは、それらの時期に、石油や金属原料などの一次産品価格が急激に上下動したことを大きく反映したものである。

物価動向と金融政策

経済学の理論では、このような物価の動きは市場に出回っているお金の流通量と密接な関係がある、すなわち流通しているお金の総量の増加率が高いほど物価上昇率も高くなる、と考えられている。さらに、このお金の流通量には金利水準が影響を与えるとされている。

金利水準はお金を巡る需要と供給のバランスで決まるものであるが、金利水準が低くなるとお金が借りやすくなるため、住宅を建てたり機械の購入など資本投資を行って生産を拡大したりする人が増えることで、経済活動が活発化する。そうなれば、雇用情勢も改善して完全失業率が低下していくが、やがては物価が徐々に上昇していく。しかしその物価上昇が急激すぎるようであれば、今度は逆に人々の経済活動に悪影響が生じてしまうことになる。

このため中央銀行の最も重要な目標は、完全失業率を低い水準に抑えながら、物価上昇率を安定的に推移させることにある。その達成のため中央銀行が行う金融政策のなかで、最も重要な手段は、金利水準をコントロールすることだ。金利水準をコントロールすることにより、国内に流通するお金の総量に影響を与え、それによって物価や完全失業率の動向を、ひいては経済全体を好ましい状況に導こうとしているのである。

実際欧米の中央銀行は、消費者物価上昇率が二％程度で推移することを目指して金融政策を運営し、一九九〇年代以降二〇〇〇年代半ばまでは、持続的な経済成長（前掲図3）と物価安定（同図4）の双方を実現することに成功していた。

ところで、何らかの原因で物価上昇率がごく低い水準となったり、さらには物価の下落が長く続くようになったりすると、将来は価格がより安くなると予想されるために、人々はものを買うことを先延ばしするようになる。そのため現在時点ですでに物が売れなくなって景気が悪化し、現実のインフレ率もより一層低下してしまう。通常金利水準はゼロ以下に引き下げられないことから、物価の下落傾向（デフレ）が定着してしまった場合には、金融政策で景気を刺激することができなくなる。このことが、日本が一九九〇年代末以降経験したような、デフレからなかなか脱却できない要因と考えられてきた。

大胆な金融緩和政策とその効果

前述したように、アメリカでは二〇〇八年秋に深刻な金融システム危機が発生し、それが広く経済全般に深刻な影響を与えることになった。そうした状態がさらに悪化すれば、バブル崩壊後の日本のように長期にわたるデフレに陥る懸念が出てくる。このためアメリカの中央銀行に相当する連邦準備制度（FRS）は、国債の大量購入によりお金の供給量を増大させるという大胆な手法で、金融緩和を推進していった。

図5は、マネタリーベース・株価・名目実効レートの推移を、二〇一〇年の値を一〇〇として指数化し、日本とアメリカとを比較したグラフである。ここでマネタリーベースとは、国全体に流通するお金の総量（「マネーサプライ」もしくは「マネーストック」）の基本をなす部分であり、通貨と、民間銀行が中央銀行に保有する預金の合計のことをいう。中央銀行はこのマネタリーベースを増減させることによって金利全般の水準を上下させ、国全体のお金の流通総量に

大きな影響を与えることができる、と考えられている。

また名目実効レートとは、たとえばアメリカではドルと円、ドルとユーロといった各国間の個々の為替レートを、それらの国の貿易量のウェイトで加重平均して求めた、一国全体としての総合的な為替レート水準を表す指標である。図5で用いている名目実効レートは、数値が大きくなるほど自国通貨高となるよう作成されているので、グラフでは対応する右軸を上下反転させて表示している。すなわち、日本にとっての円安のように外国通貨の価値が高まった場合に、右上がりになるように描かれている。

リーマン・ショック後のアメリカの金融政策は、まず最も主要な手段である短期金利を直接引き下げることから始まった。その結果、図1で見たようにごく短期間の間に金利水準がゼロ近傍まで下落したが、深刻な経済事情を好転させるには至らなかった。このため二〇〇八年一一月からは、国債等を大量に買い入れることによりマネタリーベースを大幅に拡大し、主に長期金利を引き下げようとしたのである。この措置は量的金融緩和政策（「QE」）と呼ばれ、二〇一四年一〇月に終了するまで三期にわたり実施された。図5（1）でアメリカのマネタリーベースをみると、二〇〇八年秋まではほぼ横這いで推移してきたのに対し、その後は三段階に渡って急拡大したことが確認できる。

これに対して図5（2）の日本では、マネタリーベースは二〇〇〇年代前半に大きく増加し

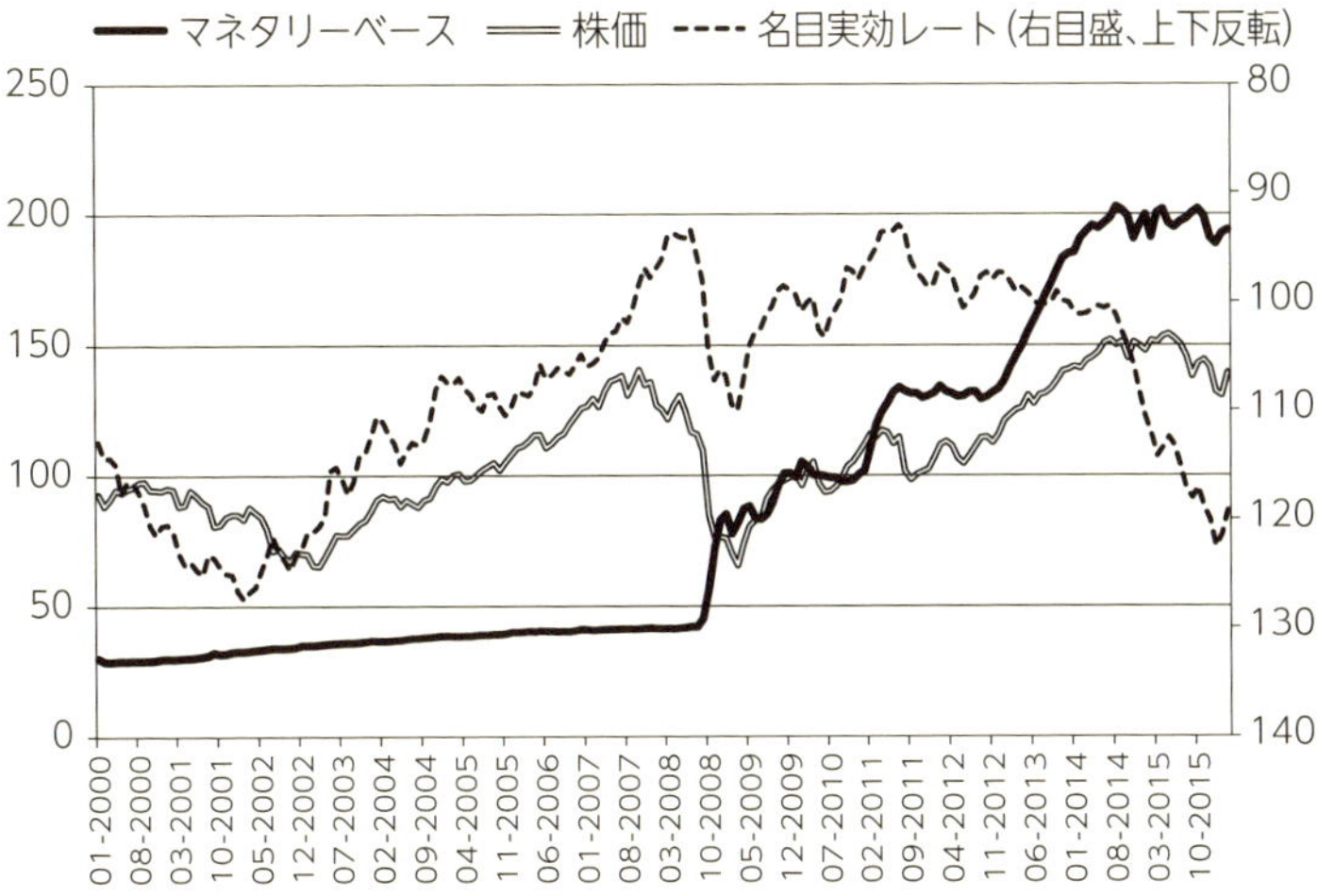

図５（１）　アメリカのマネタリーベース、株価、名目実効レートの推移
（2010年＝100）

た後に横ばいで推移し、二〇一三年に入ってから急激なペースで拡大を続けていることがわかる。これは、日本は一九九〇年代のバブル崩壊後、すでに金利が低水準にあるなかでデフレ状況が続いていたことから、二〇〇〇年代初の時点で、マネタリーベースの拡大を図ったためである。当時マネタリーベース拡大のために取られた手法は現在のものとは異なっているけれども、アメリカで採用された大胆な金融緩和政策の元祖は、実は日本だった。その一方でリーマン・ショック直後時点の日本では、欧米とは異なり金融システムが健全であったため、金融システム救済のための新規措置の必要性は小さく、マネタリーベースはほぼそれ以前の水準のままで推移した。

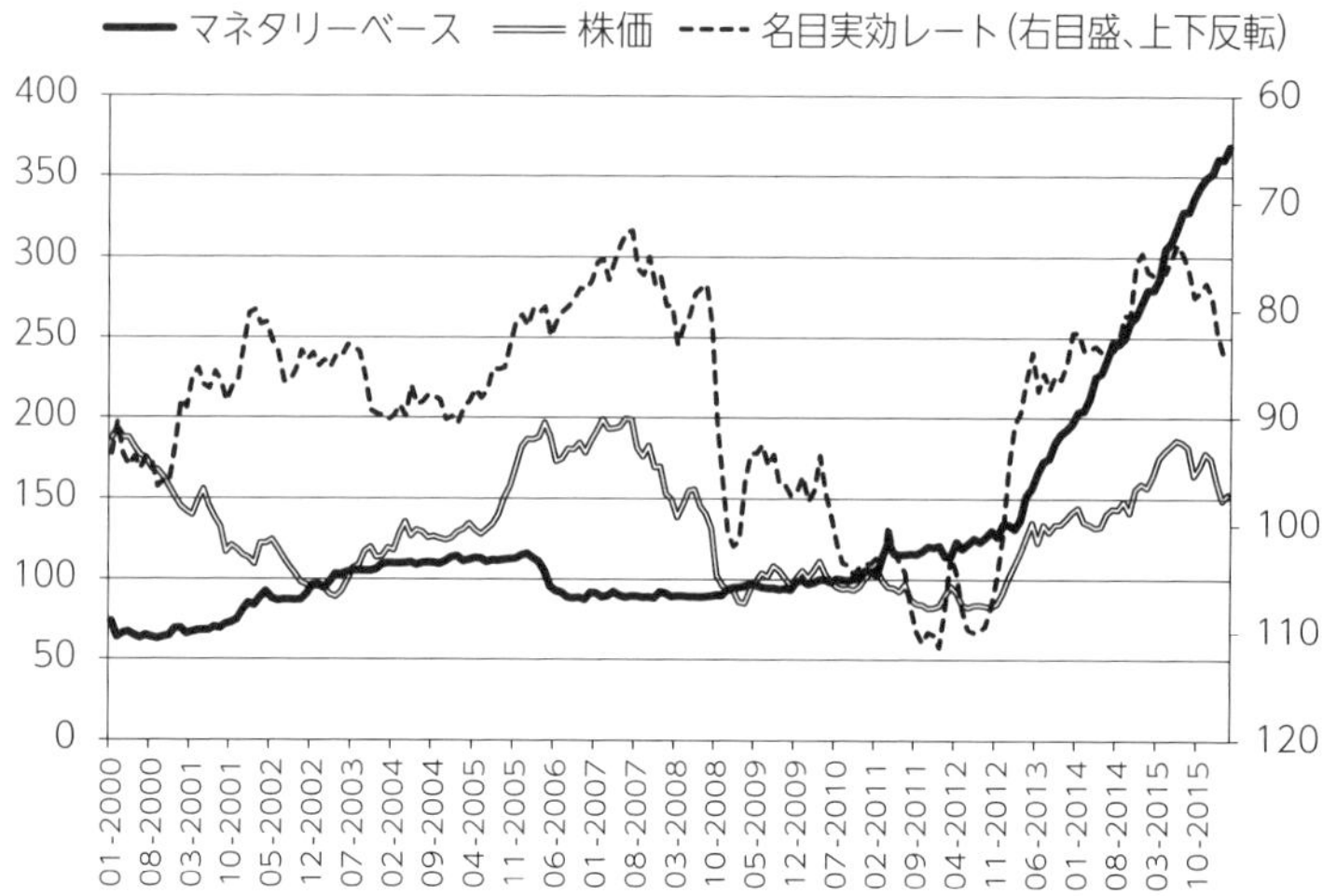

図５（２）　日本のマネタリーベース、株価、名目実効レートの推移（2010年＝100）

出典：日本銀行「時系列統計データ検索サイト」（http://www.stat-search.boj.or.jp/index.html ）、Board of Governors of the Federal Reserve System "Data Releases"（https://www.federalreserve.gov/econresdata/statisticsdata.htm）、OECD.Stat

これに対し二〇一三年以降のマネタリーベースの急増は、アベノミクス第一の矢として、アメリカ的手法を改良（量的・質的金融緩和（「ＱＱＥ」））して導入した結果である。

中央銀行は、量的金融緩和政策を用いることで、長期金利を急頭に金利水準全般を引き下げるとともに、株をはじめとする他の金融資産の需要を刺激し、株などの金融資産価格を上昇させることを狙っている。さらにそうした金融資産の価格上昇を通じて、企業の設備投資や個人消費を刺激して（資産効果）、経済成長率と物価上昇率を高めようとしているのである。

さらには波及的な効果として、金融資産の一つである外国通貨の価値を高めることで自国通貨を減価（日本で言えば円安）させ、それに伴う輸出拡大を通じた景気刺激と、輸入物価の上昇による国内物価上昇が期待されている。

図5をみると、日本でもアメリカでも、マネタリーベースが拡大した時期には、実際に株価上昇と自国通貨安が実現していること、その一方でマネタリーベースが拡大していない時期には自国通貨高の傾向にあることがわかる。ただし前述したように、日本の直近時点ではそうした関係が崩れてしまっている。

こうして大胆な金融緩和により、アメリカも日本も資産価格上昇・自国通貨安は実現した。それにもかかわらず、前掲図3・図4でみたように、低成長率・低インフレ率からの脱却はまだ達成できていない。その理由はいろいろ考えられるが、主なものとして、①先進国経済における製造業の比率低下や、企業の多国籍化・海外生産活動の比重の増加により、金利が低下しても国内の企業設備投資を刺激し難くなっていること、また、②自国通貨安による企業の輸出や海外活動が活発化したがこれに伴う利益の増加が国内の生産増加や雇用者の賃金増に結びついていないこと、さらに、③株価上昇等の恩恵を受けるのは、金融資産を多く保有する一部の高所得者層に限られており国全体で本格的な消費拡大に結びついていないこと、そして、④二〇一四年半ばからの石油や鉱石類の急激な価格下落が国内の物価上昇率を抑制していること、などが指摘されている。

なお図5（1）、（2）で日本とアメリカとの為替レートの変化を比較すると、日本の円安の時期（二〇〇〇年代初や二〇一三年以降）にはアメリカはドル高傾向にあり、逆にアメリカがドル安の時期（二〇〇八年以降～二〇一三年）には、日本が円高傾向にあることがわかる。次項では、この点についてもう少し検討したい。

4　金融緩和政策の限界

これまでみてきたように、各国で採用されてきた大胆な金融緩和政策は、景気の大幅な後退は何とか防止してきたものの、経済活動を以前のように力強く回復させるまでには至ってはいない。その理由として、国内面・国際面双方の要因が指摘できるだろう。

国内での投資誘因の欠如

最初に国内的な要因について考えてみよう。金融緩和政策とは、一言で言えば、お金を借りやすくして今現在の支出を増やすことで、現時点で景気を良くしようとするものである。しかしいくら金利が低いとはいえ、お金を借りるからには、そのお金を活用して将来に元利が返済できるだけの収入の増加が生じていかなければならない。

しかし、日本の一九九〇年代初頭のバブル崩壊にしても、アメリカのサブプライム危機にしても、将来を楽観視してお金を借りすぎたことが根本の要因であった。お金を借りすぎた企業や個人は、過去の借金返済のため現在だけではなく将来にわたって支出を切り詰めなければならず、新規の借入をする余裕は少ないはずだ。お金を借りすぎていなかった企業や個人にとっても、他の人たちが支出を切り詰めていくようであれば、ひいては自らも将来にわたって十分な利益を期待することはできないので、やはりお金を借りようとはしないだろう。過剰債務によって危機に陥った経済を、一層の債務増加により救済しようとする手法は、本質的な部分で無理があるように考えられる。

それに加えて、日本を筆頭に先進国では少子高齢化が進行しており、企業にとっては将来の国内市場規模が縮小すると予想されている。このため将来の利益増が期待できず、国内の設備投資を増やそうという誘因が働きづらい状況にある。これから市場拡大が期待されるのは途上国・新興国であるし、グローバル化によって企業の海外活動は活発に行いやすくなっている。したがって国内で低金利の資金が調達できるのならば、それを元手に外国で設備投資を増やそうと考えるのは自然なことである。仮に将来国内で自社製品の需要が増えたとしても、その分は外国で投資・生産して輸入する方が合理的なのだ。このように国内の要因がグローバル化の影響と絡み合うことで、金融緩和の景気刺激効果が薄まっていると考えられる。

金融政策の国際的な難題

次に国際的な要因について考えてみよう。経済学では、どの国においても固定為替相場（外国為替レートの固定）・自国と外国との自由な資本の移動・自国の独立した金融政策の三つを同時に達成することはできない、といわれている（「国際金融のトリレンマ」）。たとえば日米などの先進国では後二者を確保するため、固定為替相場をあきらめて変動為替相場を採用している。一方中国では、自国の金融政策と為替レート安定化を優先して、国際資本移動を規制している。また貿易を念頭に対ドル交換レートを事実上固定しているような新興国・途上国においては、国内の金融政策はアメリカの金融政策に左右されて、独自の政策運営ができない状況にある。

ところで現在のように金利が事実上ゼロ水準まで低下した状態では、金融政策が設備投資をさらに増加させて直接国内の需要を喚起することは期待しがたい。このため一層の金融緩和は、自国通貨の減価（日本でいえば円安）を通じて国際競争力を高めて輸出を増やす、という間接的な経路で国内景気を刺激することが、事実上、中核的な経路となってしまう。

二〇〇〇年代前半当時の日本のように、世界全体で経済が拡大しているという状況下では、ある国が単独で金融緩和策を採用し、自国通貨安を通じて輸出が拡大したとしても、他の国々への悪影響はそれほど大きなものにはならない。しかし多くの国で一斉に景気が減速し、それらの国々が同時に金融緩和を行うような場合には、為替レートが大きく変動するようなことは考えにくい。というのも為替レートとは、ある国の通貨と他の国の通貨の交換比率なので、すべての国の通貨が同時に減価することはあり得ないからである。

したがって、ある国が金融緩和を行うことで自国通貨が減価するためには、他国より早く政策を発動するか、他国よりも大規模に金融緩和を行わなければならない。前掲図5で見たように、為替レートの変動が日米で逆の動きを示すのには、こうした金融政策のタイミング・規模の差が大きく影響している。

しかし相手国の立場に立ってみれば、自分たちの経済状況も良くないなかで、どこか他の国で人為的に通貨が減価するということは、自分たちの国の通貨が増価して国際競争力が損なわれ、結果として景気がさらに悪化することを意味する。このため、自分たちも同様の金融緩和を行う必要が出てくることになる。

ここで改めて、本章冒頭の図1を振り返って欲しい。主要国・地域において短期金利が低水準で推移しているのは、それぞれの中央銀行が、自国での景気浮揚やデフレ防止のために、政策金利をほぼゼロ水準で維持していることが最大の要因であるとされてきた。しかしスイスやスウェーデンでは、ＥＣＢ（ユーロ圏の中央銀行）のマイナス金利導入など金融緩和策に伴うユーロ安により、自国通貨が大幅に増価したために、その是正を目的として政策金利をさらに大きなマイナス水準にまで低下させているのである。

自国通貨の減価は、それを直接意図したものでないにせよ、相手国で政治的に問題とされ、近隣窮乏化政策として批判される。グローバル化が進み国際資本移動が自由化された状況では、自国通貨の価値が過大・過小にならないような水準を維持しなければならないということは、上述したトリレンマの存在により、自国の物価動向・景気動向に対応するための金融政策を運営することができなくなるため、金融政策の自由度が失われてしまう。景気変調やデフレへの回帰が懸念されたにもかかわらず、二〇一六年四月に日本銀行が追加緩和策を行わなかった背景には、このトリレンマの存在があると考えられる。

以上のことは、次のように要約されよう。現在多くの国が同時に過去に例のないような大胆な金融緩和を行っているものの、それがそれぞれの国内経済を刺激する効果は小さなものにとどまっている。一方で為替レートを通じる効果にしても、すべての国で為替レートを同時に減価させることができないため、輸出を増加させることもできない。その結果、世界全体としても経済成長率の上昇が実現できず、リーマン・ショックの後遺症から脱却できない、という状況に陥っている。すなわち、経済がグローバル化することによって、逆に、個々の国にとっては自国を対象とする経済政策の効果が大きく減殺されており、その結果世界経済全体の活力もまた、回復できずにいるのである。

国際的な波及効果や自国へのフィードバックを考慮した経済政策運営が求められる時代

二一世紀に入ってから経済のグローバル化の進展により貿易やお金の流れが活発化し、新興国・途上国を中心として高い経済成長率が実現したことから、人々の生活水準が大きく向上した。しかし二〇〇八年に発生したリーマン・ショックにより、そうした世界経済の好循環メカニズムが逆回転して、今度は多くの国に悪影響が波及してしまうことになった。こうしてほとんどの先進国で、実質ＧＤＰが停滞する一方、低インフレ・低金利の状況から抜け出せずにいる。

それでもリーマン・ショック後の数年間は、中国の高成長が持続し、製造業のサプライチェーンを通じて新興国・途上国で経済成長が維持されたため、世界経済全体の停滞は避けられてきた。他方アメリカでは、経済情勢の回復スピードが他国より早く、以前の超金融緩和政策から転換して二〇一五年末には約一〇年ぶりに政策金利が引き上げられた。

しかし二〇一五年の夏から秋にかけて、中国の経済成長率に低下の兆しがみえ、それに伴い原油など一次産品価格の下落傾向が顕著になったことから、新興国・途上国全般でも景気減速感が強まっている。長期にわたり高い伸びを続けてきたアジア新興国・途上国の輸出にピークアウトの兆しがみえるなかで、資金フローも約半世紀ぶりに流出に転じるのではないかと懸念されている。先進国と途上国・新興国との経済規模格差が縮小して各国間の経済連携が強まっているなかでは、こうした新興国の景気減速は、再び先進国経済にも波及するおそれがある。

現在の先進国では、累積政府債務が高水準に達しているため、機動的な財政政策をとる余地は少ないだけではなく、財政再建のために景気刺激とは反対方向となる緊縮財政が必要とされている。このため、世界経済の成長のために金融政策への期待はますます大きくなってきた。

しかしその一方、本章で述べたように、グローバル化の進展により各国経済連携が強まるなかで金融政策の自由度は低下し、政策の有効性が減少してしまっている。

今やアメリカ、ユーロ圏、中国、日本というように経済規模が大きな国であったとしても、自らの国内状況のみを最適化するような経済政策では、所期の効果が実現できなくなっている。他国の経済状況が自国にどのように影響するかを考慮に入れることは当然として、自国の経済政策が他国経済にどのような影響を及ぼすのか、それがさらに自国にどのように跳ね返ってくるのかまでも考慮に入れながら、経済政策の立案・運営を行うことが求められるようになった。

リーマン・ショック後の世界では、自国の厚生の改善だけではなく、他の国々と調和が取れ、世界全体での厚生の改善を目指すような経済政策が求められるという、まさしく世界公益の追求が不可欠な時代に入ったといえるだろう。

第3章

国連安全保障理事会改革
――アカウンタビリティの三つの属性から考える――

蓮生　郁代

一九八〇年代以降のグローバリゼーションや国際的相互依存の急速な進行は、同時に、経済格差の拡大や環境破壊などの負の影響ももたらしてきた。具体的には地球温暖化や感染症などの国境を越えたグローバルな課題の出現を受け、それらに対処するためには、各国政府の取り組みでは不十分で、各国政府、政府間国際機関、多国籍企業、民間団体（以下、NGO）、個人等が国境を越えて幅広く連携し協力することによってはじめて解決可能だと考えられるようになった。一九九二年、ローズノー（James N. Rosenau）は、政府という権威を背景にした実体的な主体が不在のなかで行われる、このような事実上の統治のあり方を「政府なきガバナンス」と呼び、グローバル・ガバナンスの概念を提唱した。

グローバル・ガバナンス論においては、民主主義の赤字―すなわち、民主的統制の欠如―とアカウンタビリティは、双子の問題であるということがしばしばいわれる。国内のガバナンスにおいては、民主主義の正統性を担保するために、選挙というアカウンタビリティ・メカニズムが存在し、施政者による権力の濫用を阻止する歯止めとなっている。一方、グローバルなガバナンスにおいては、ガバナンスというからにはなんらかの正統性確保のメカニズムが必要なのだが、現実には、権力の濫用を阻止しうる十分に実効的なメカニズムは存在していないにほぼ等しい。そのため、グローバル・ガバナンス論においては、民主主義の赤字を埋めるための手段として、より柔軟かつプラグマティックなアカウンタビリティ・メカニズムのあり方が学問的にも活発に議論されてきた。

ところで経済・金融分野の政府間国際機構に対しては、開発被害などを受ける個人やNGOからのアカウンタビリティの要求が盛んに行われ、世界銀行（以下、世銀）におけるインスペクション・パネルの創設のように、彼らからの異議申し立てを受けるメカニズムの創設などの成果が徐々に積み上げられてきた。しかし一方で、国際的な安全保障分野においては、民主主義の赤字はどのようにして克服されてきたか。本章では、第二次世界大戦後のグローバル・ガバナンスにおいて、その中心的アクターとしばしば形容される国際連合（以下、国連）に焦点をあて、国連による安全保障の第一義的責任を担うとされている国連安全保障理事会（以下、安保理）を取り上げ、安全保障ガバナンスにおける民主主義の赤字やアカウンタビリティの問題を考察してみたい。

1 アカウンタビリティとは？

本章で安保理のアカウンタビリティの問題について検討する前に、まずアカウンタビリティの概念の定義あるいは一般的意味を押さえておきたい。英語圏の代表的辞書をみてみると、アカウンタビリティとは、「説明的であることの質、すなわち、義務あるいは行為の免責のために、説明を与え、かつ回答する責任」とされている（『オックスフォード英英辞典』、一九七〇年）。また日本においては、国語審議会の答申の影響もあり、一般には「説明責任」と翻訳されることが多い。

しかし、興津征雄も指摘するように、英語圏におけるこの語本来の意味は、問責者と答責者との社会的関係を示すとされていることに留意しておく必要がある（興津、二〇一四）。すなわち、アカウンタビリティとは、「ある行為者（＝答責者）は、他の行為者（＝問責者）に対して自らの行為に関して説明し正当化する責任を負い、それが不承認された場合には、それがもたらす帰結に直面しなければならない」という社会的関係を示すと考えられている。ここでいう帰結とは、一般的には、制裁などを意味すると考えられる。

なお、学術的な見地からアカウンタビリティの概念分析を行ったボーヴェンス（Mark Bovens）

は、現在の政治的・学問的言説において、「アカウンタビリティは、透明性、公平性、民主主義、効率性、応答性、清廉性など、様々な異なる概念を覆う傘のような概念としてとらえられている」ことを指摘した（Bovens, 2007）。確かに、ボーヴェンスのいうように、現代的な文脈におけるアカウンタビリティの概念は、様々な属性を付して語られることが多い。ただし、それはあくまで属性であり、アカウンタビリティの本質的な構成要素ではないことに留意する必要がある。

次に、なぜ近年安保理に対するアカウンタビリティの要求が高まっているのか、その政治的背景について概観する。安保理は、国連憲章二四条一項により、「国際の平和と安全の維持に関する主要な責任」を担うとされている。同時に、英米仏露中の五カ国には、常任理事国として安保理に常時議席を維持することができるだけでなく、安保理の決議を不成立にさせることができる拒否権という特権が付与された。そのため、四〇年以上続いた東西冷戦期には東西両ブロックの保持する「拒否権」に阻まれ、安保理は限定的な役割しか果たせなかった。一九八〇年代末の東西冷戦終結により、安保理は冷戦終結後の世界において中心となる役割を果たすことが期待された時期も一時期だがあった。しかし、一九九〇年代以降の局地紛争の頻発化や、二〇〇一年の同時多発テロ発生以降のテロとの戦いに対し、安保理が十分に期待された役割を果たしてきたとは言い難い。とりわけ安保理は、二〇〇八年の南オセチア紛争、二〇一一年のシリア内戦、二〇一四年のウクライナ紛争などの米露新冷戦の到来とも揶揄されるような事態が勃発した際、拒否権の存在に阻まれ、なすすべをもたなかった。そのようななか、安保理がとくに批判されたのは、次の三点だった。

第一に、**安保理の拒否権**に関する点である。憲章二七条三項の規定により、安保理が実質事項に関する決定をする際には、九理事国の賛成投票だけでなく、五常任理事国の同意投票も必要だとされる。前述したように常任理事国の一カ国でも反対すれば、決議は成立しなくなるため、常任理事国の反対投票は拒否権と呼ばれる。たとえばシリア危機への対応を巡る米露の激しい対立により、安保理はシリア問題に対し有効な対策をとることができないなどの深刻な問題を抱えている。

また、加盟国の間では、拒否権をもつがゆえに、自らは安保理の制裁の対象となることはない常任理事国に対する不満は根強い。

第二に、安保理の構成に関する点であり、これは**安保理改組の要求**につながっていく。国連憲章二五条により、安保理の決定には、加盟国を法的に拘束する効力がある。そのため、冷戦解消後、安保理の機能が拡大し、その影響力が大きくなるにつれて、安保理の意思決定過程に参加できない大多数の国々から、（安保理拡大を含む）安保理改組の要求が強くなってきた。

第三に、**安保理の意思決定過程の不透明さ**に関する点である。一九九三年に総会が安保理改革を検討する作業部会を設置した際、二つのクラスターが設けられた。クラスター1は、伝統的な安保理改革の議題、すなわち安保理改組問題や拒否権の問題を扱うとされた一方で、クラスター2は、安保理の作業手続きなどの問題、すなわち透明性の向上などの問題を扱うとされた。このように安保理の透明性向上という問題は、九〇年代前半においてすでに安保理改革の一部とすでにとらえられていた。さらに二〇〇一年の同時多発テロ発生以降、特定の個人や団体が対象とされる狙い撃ち制裁との関係において、安保理の意思決定過程の不透明さに対する批判が広がっている。

このような安保理に対する三つの改革要求は、ボーヴェンスの挙げた透明性、公平性、民主主義、効率性、応答性、清廉性などのアカウンタビリティの属性とは、どのような関係にあるのだろうか。

第一の拒否権に関する要求は、ボーヴェンスの挙げた属性のなかでは、公平性、民主主義、効率性などが関係してくると思われる。そのなかでも最も関係が深いと思われるのが、効率性の概念であるが、効率性とは、所与のインプットでいかにして最大限のアウトプットを達成できるか、または所与のアウトプットをいかにして最小限のインプットで達成できるかということを問題としている。一方、効率性に似通っているが異なる概念として、有効性(effectiveness)という概念がある。有効性とは、実際のアウトプットがあらかじめ設定された政策目的などをどの程度達成しているかを問題としている。したがって、国連による平和と安全の維持という目標と拒否権の制度という文脈では、後者の有効性の概念のほうがより合致するのではないかと考えられる。

第二の安保理改組の要求は、民主主義の赤字の問題であることから、主として民主主義という属性と関係が深いといえる。安保理という文脈においては、全加盟国が参加可能な国連総会において実現されているような直接民主主義的な形態は、合意に至るに必要な時間的コストとの関係からも求められておらず、求められているのは、一部の加盟国の代表による意思決定を前提とした代議制民主主義的な形態である。したがって、安保理改組の要求は、より正確には、**代表性**（representativeness）と関係が深いといえる。なお、代表性以外には、ボーヴェンスの挙げた属性のなかでは、アフリカ地域などからの地理的衡平性への配慮への主張との関係で公平性も関係しているといえるだろう。

第三の意思決定過程の不透明さに関する要求は、文字通り、ボーヴェンスの言う**透明性**（transparency）という属性に関係しているといえる。

以上の考察により、安保理改革に関する三つの主張が、それぞれアカウンタビリティのどの属性に関係しているかが明らかになった。本章においては、これらの主張の下で行われた試みが、果たして安保理のアカウンタビリティの属性の向上に寄与しているかということを中心に、考察してゆきたい。本章における検討の順序は、以下のとおりである。次の第2節では、国連創設から二〇〇五年の国連首脳会合までの期間を対象に、これまで行われてきた安保理改革に関する各国の取り組みを年代順に概観する。そして第3節から第5節では、アカウンタビリティの三つの属性を代表性、有効性、透明性の順に各節で取り上げ、二〇〇五年以降の安保理改革に関する最近の取り組みがこれらの属性を向上しうるか検討する。最後に、最終節にて、このような安保理改革の試みを総括し、今後の展望を探る。

2 過去における安保理改革に向けた取り組み
——国連創設時から二〇〇五年まで

本節では、国連創設時に遡り、安保理改革に向けてどのような試みが行われてきたか、その歩みを年代順に振り返り概観する。一九四五年四月から六月にかけて、第二次世界大戦がまだ進行している最中、連合国側に属する国々がサンフランシスコに集い、大戦終了後の新たな世界のあり方を巡り議論した。そして同年六月二六日、戦後の世界構想の主軸を担うべき組織として、国際の平和と安全の維持、および経済と社会に関する国際協力の実現のために、国連の設立が合意され、その設立文書たる国連憲章には五一カ国が署名するところとなった。そして、第二次世界大戦において、日独伊を中心とする枢軸国側との戦闘で主要な軍事力の供給を担った連合国側の五カ国（米・英・仏・ソ連・中）に対しては、安保理の常任理事国として、国際の平和と安全の維持を担うための特別な地位と拒否権が与えられた。

しかし、一九四五年の第二次世界大戦終結からほどなくして始まった東西冷戦は、四四年間の長きにわたり続くこととなった。その間、東西両ブロックによる激しい拒否権の応酬（あるいは行使の示唆）により、国際の平和と安全の維持に第一義的な責任をもつとされたはずの安保理は、長く機能麻痺の状態に陥っていた。そのようななか、一九五〇年の国連総会における「平和のための結集」決議にもみられるように、第七章下の強制措置発動に関する総会の権限強化が試みられた時期もあった。同決議は、国際平和への脅威、平和の破壊および侵略行為が存在すると思われるにもかかわらず、常任理事国の全会一致の合意が得られないために安保理が行動をとれない場合には、総会が代わって行動をとることができるとしたものだった。しかし、それは常任理事国の強い反発を招き、かえって総会の権限の限界を加盟国に認識させる機会となってしまった。

その後、国連に対する国際社会の期待は、相対的にみて平和と安全の分野から、社会の開発という経済や社会分野へと移っていってしまった。その流れのなかで、経済社会理事会のほうは、一九六五年に引き続き一九七三年に二回目の憲章改正を行い、メンバーシップを二七から五四に拡大していった。一方、安保理のほうは、冷戦下における機能麻痺にもかかわらず、常任理事国に付与された拒否権の存在が大きな壁となり、安保理の機能回復を求める改革の気運が盛り上がるというようなことはなかった。というのも、国連憲章を改正するためには、国連憲章一〇八条により、まず国連憲章改正決議案が総会で加盟国の三分の二以上の賛成により可決され、その後、常任理事国五カ国を含む、加盟国の三分の二以上の批准が必要であるとされていたからである。それゆえ、その障壁の高さから、一九六五年の経済社会理事会との同時拡大が、安保理拡大が成功した最初で最後の安保理に関する憲章改正となり――一九六〇年代当時、旧植民地の独立による新興国の大量加盟が相次いだという特殊な事情がこの時の成功の背景にあった――、それ以降の東西冷戦時代には安保理改革が真剣に取り組まれるというようなことはなかった。

しかし、その後東西冷戦の終結を受け、安保理を取り巻く国際的な状況は一変し、安保理の活動は、数の上からも質の上からも拡大していった。一九九〇年代初、安保理は憲章第七章下の強制措置の発動を活発化させ、機能的に大きく変容を遂げていった。安保理の決議により設立される平和維持活動の分野においても、伝統的な停戦監視機能から大きく脱皮してゆき、選挙監視をはじめとする和平合意の実施を扱うようになるなど、多機能化した平和活動の実施が常態化していった。また、第一次湾岸戦争における対イラク武力行使の違法性阻却に関する安保理決議六七八（一九九〇）は、武力行使の正当性付与という、グローバルな政治における安保理の強大な権力を改めて世界に認識させた。しかし一方で、その強大な権力にもかかわらず、安保理による権力濫用の阻止の方法や手段が十分確立されてきたわけではない。一九九〇年代以降、安保理が再びその存在意義を見出すようになると同時に、安保理に対する改革要求もあわせて沸き起こるところとなった。

安保理改革に関する加盟国からの強い要求を受け、国連総会は、一九九三年に総会に作業部会を設け、安保理改革に向けた提言をまとめさせることとした。前述したように、その際、安保理が改革を特に必要とされていると指摘されたのは、次の二つの点だった。一つが、代表性の向上と拒否権の問題で、もう一つが、作業方法の改善や意思決定プロセスの改善だった。総会の作業部会は、一九九七年に改革案をまとめ作業部会に提案したものの━それは、当時の総会議長の名をとり、ラザリ案と呼ばれた━、投票に付されることはなく廃案に終わった。

再び安保理改革に向けた動きが活発化したのは、国連創立六〇年を祝う二〇〇五年の国連首脳会合開催に向けてだった。当時、常任理事国入りを狙う日本とドイツに新興国インドとブラジルを加えた四カ国は、G４（Group of 4の略）というグループを結成し、安保理改革を主導しようとした。しかし、それに対し、G４に対抗しようとするイタリア外相を中心とするグループは、「コンセンサスのための結集」を結成し、安保理改革はコンセンサスにて行われるべきだということを主張した。一方、大票田たるアフリカ連合（以下、AUという。当時五三カ国）は、二〇〇五年七月上旬、リビアのシルテで首脳会合を開催し、G４に対抗しAUとしての改革案を合意し、シルテ宣言（AU案）を出した。その最たる特徴は、新たな常任理事国に対する完全な拒否権の付与の要求だった。最終的にG４は、常任理事国枠の六カ国増と非常任理事国枠の四カ国増の安保理合計議席二五カ国、拒否権に関しては一五年間凍結するというG４修正案をまとめ、総会に提出したが、ラザリ案提出時同様に、審議未了のまま廃案となってしまった。

3　代表性向上に向けた各国の駆け引き

本節以降では、本章第1節で明らかにされたアカウンタビリティの三つの属性を一つずつ取り上げ、二〇〇五年以降の安保理改革に関する最近の取り組みがそれらを向上しうるかを考察したい。まず、代表性向上の問題を取り上げる。

二〇〇五年の安保理改革論議の高まりを最後に、各グループ・国の隔たりの大きさから政府間交渉は十年近くも膠着状態が続くこととなったが、国連創立七〇周年を祝う二〇一五年秋の国連首脳会合開催に向け、再び改革に向けた政府間交渉の動きが、水面下を含め活発化するところとなった。二〇一五年七月末には、クテサ国連総会議長（当時）が各グループや加盟国が提出した改革案を整理し、交渉のベースとなる「交渉文書」を作成し全加盟国に配布した。本節のテーマである代表性の向上に関しては、二〇〇五年の改革論議の時と同様に、G４、AU、コンセンサス・グループなどがそれぞれの提案を提出した一方で、新たなグループも出現したことが注目される。まず、それぞれのグループの主張の内容を概観する。

G４は、二〇一五年五月、常任理事国枠を現在の五カ国から六カ国増やし一一カ国にするとともに、非常任理事国枠を現在の十カ国から、四カ国増やし一四カ国あるいは五カ国増やし一五カ国にすることを柱とする提案を提出した。そして、合計議席数を現在の一五カ国から、一〇カ国増あるいは一一カ国増の二五カ国あるいは二六カ国とすると提案した。十年前の二〇〇五年当時の旧G４案と比較すると、非常任理事国枠が「四カ国増」の合計一四カ国と明記されていたのに対し、二〇一五年現在の案では、「四あるいは五カ国増」と変化していることが注目される。これは、アフリカ地域への配分を「一議席増」から「一ないしは二議席増」へと変更したためである。その背景には、アフリカ地域へ非常任理事国枠を二カ国増の合計五議席割り当てるべきと主張するAUへの配慮があったと思われる。なお、上記の点に関するG4案の内容は、その後も変更されていない（二〇一七年一月現在）。

G4の主たる目的は、G4を構成する四カ国自身の常任理事国入りであることは疑う余地はないだろう。G4の陣営からは、G4構成国の国連予算に対する財政的負担の実績や、安保理非常任理事国経験数、G4構成国の人口、G4構成国の世界経済において収める経済力などが、新たな常任理事国にふさわしい理由としてしばしば挙げられてきた。その背景には、平和維持活動設置などの意思決定に関与できないにもかかわらず、一方的に巨額な財政的負担が科せられる現状への潜在的な不満があるとも考えられる。

一方、AUは、計五四ヵ国から成る大票田を形成することから、安保理改革の鍵を握るともいわれている。二〇一五年夏の交渉文書においては、AUは、常任理事国枠を少なくとも二カ国以上、非常任理事国枠も少なくとも二カ国以上を、新たにアフリカに割り当てるよう主張しており、その点に関しては、二〇〇五年時点からなにも変化していない。

また、コンセンサス・グループは、以前と同じように、常任理事国枠拡大に対しては反対を表明するとともに、非常任理事国枠増加に関しては賛意を示した。そのうち非常任理事国枠については、二年以上の長期任期のカテゴリーと、二年任期のカテゴリーの二つを設けるべきと提案した。ところで同グループは、二〇一五年夏の交渉文書の時点においては、非常任理事国枠については最大一六カ国増とした一方で、それぞれのカテゴリーの内訳等については、詳細を明らかにしていなかった。しかし、その後の政府間交渉の過程のなかで、非常任理事国枠については一一カ国増と大幅に下方修正し、合計議席数に関してだけであるが、G４やAUなどの他のグループへの歩み寄りを初めて示した。同時に、二年以上の長期任期のカテゴリーに関しては九カ国と、増加分の内訳を明らかにした。

G４やAUが常任理事国枠拡大を主張する一方で、コンセンサス・グループの主たる目的は、常任理事国枠拡大自体に反対することであるとみられる。同グループを主導しているのは、新たに常任理事国入りが想定されている国との間に、地政学的な利益の衝突（あるいはその可能性）等を抱えている隣国などが多く、それらの諸国が結集することにより、常任理事国入りが想定されている国の常任理事国入りを阻止することを目論んでいるとみられている。

さらに二〇〇五年の改革論議当時にはまだ結成されていなかったが、二〇一五年の多国間交渉において独自の改革案を提出したのが、L69と呼ばれるグループである。L69は、常任理事国枠拡大については、G４およびAUと同じく六カ国増と提案した一方で、非常任理事国枠拡大については、G４およびAUの主張よりも一～二カ国多い六カ国増とした。L69とは、主として発展途上国からなるグループであり、その主たる主張は、非常任理事国枠の増加数に多少差異が存在する以外は、きわめてＧ４案との親和性が高い。ところでＬ69には、安保理の平和維持活動の実質的な要員派遣国となっている国が多数参加している。これらの国々の間では、安保理における平和維持活動派遣に関する意思決定のあり方が、要員派遣国の主張が十分反映されないかたちでなされていることなどに対する潜在的な不満もあるのではないかと推定される。

このように各グループが、安保理のメンバーシップの拡大を求め改組案を提案したが、Ｇ４案の背景にあるのは大国の貢献度の論理であり、現在の常任理事国が選定された当時の論理と類似している。確かに経済・金融分野の政府間国際機構においては、財政的貢献度に応じた加重投票制が導入されている機関も多い。しかし、安全保障分野においては財政的貢献度が主たる要素として勘案されるのはむしろ稀であり、そのような論理をもってＧ４に対抗するコンセンサス・グループを今後説得できるか疑問が残る。またＡＵは地理的衡平性の観点からアフリカ地域への議席の配分増を、一方Ｌ69は途上国への議席の配分増を、それぞれ求めている。二一世紀の安保理の代表性の向上のあり方という観点からは—経済格差の一層の拡大と貧困を根源とする紛争の頻発化が不可避ではないかと懸念されていることなどを鑑みても—、おそらくこれらのグループの主張が、今後一層支持を増やしていくのではないかと推測される。

4　拒否権の壁と有効性向上のせめぎ合い

次に、有効性向上の問題を取り上げる。安保理の有効性を阻害する最大の障壁は、東西冷戦期およびポスト冷戦期を通しても、拒否権の制度だとしばしばいわれてきた。これに関する取り組みは、大別して二つに分類することができる。一つが、拒否権の制度には大きな問題があり、将来撤廃が望ましいと認めつつも、存続する以上は、自国あるいはグループにも新たな拒否権の付与と使用の権利を主張するというものである。もう一つが、現行の拒否権制度の撤廃、あるいは拒否権の行使の限定的抑制を要求するものである。なお、両者は必ずしも二律背反ではなく、両方を支持している国もある。

まず前者の案を主張しているのは、AUおよびL69である。AUは、常任理事国の拒否権に関しては、二〇〇五年の安保理改革論議当時と同様に、将来的には撤廃が望ましいが、存続する限りは即時付与かつ使用可能を主張しており、その主張は、その後も変更されていない（二〇一七年一月現在）。新たに常任理事国となる国については、一五年間凍結されるとしたG4とAUの隔たりは大きく、その溝は十年間以上を経ても今に至るまで埋まっていない。その背景には、安保理の平和と安全に維持に関してなされる安保理決議のほとんどが、冷戦終了以降、アフリカ大陸に向けて行われてきたことから、自らが対象となる決議に自らが関与できない――とりわけ拒否できない――ことに対するアフリカ諸国の長年の不満の鬱積があったと考えられる。

また、L69もAU同様に、拒否権に関しては将来的には撤廃が望ましいが、存続する限りは新たに付与された拒否権も使用可能とすべきと主張した。なおL69の主張は、その後も変更されていない（二〇一七年一月現在）。

一方、後者の案に賛同してきたのは、コンセンサス・グループ、スモール・ファイブ、ACTなどと呼ばれるグループだった。コンセンサス・グループは、拒否権に関しては、将来的には撤廃が望ましいが、撤廃できないならば、その行使の制限をすべきと主張した。なお、その主張は、その後も変更されていない（二〇一七年一月現在）。

スモール・ファイブは、二〇〇六年に結成されたグループで、コスタリカ、スイス、リヒテンシュタイン、ヨルダン、シンガポールというういわゆる小国と分類される五カ国から構成された。同グループは、二〇〇六年三月一七日、安保理改組とは別の視点からの安保理の改革を求める決議案（A/60/L.49）を提出し、安保理の透明性の向上と、常任理事国の恣意的な拒否権の行使の制限を要求した。しかし、後者の拒否権に関する提案が常任理事国による強い反発を招き、激しい妨害を水面下で受けるところとなり、同グループの活動は、頓挫することとなった。

スモール・ファイブによる活動は、二〇一三年には、新たなグループに引き継がれるところとなった。新たなグループは、主たる要求たるアカウンタビリティ（Accountability）、一貫性（Coherence）、透明性（Transparency）の三語それぞれのイニシャルをとり、ACTグループと名乗った。そして、同グループは、中小国を中心とする加盟国の間で支持を急速に拡大していった。ところで、拒否権行使の抑制の問題に関しては、常任理事国の一角を占めるフランスも、シリア危機に際し、二〇一四年に拒否権行使の限定的抑制に関する議案を提案していたが、有効な決め手とすることはできなかった。そのようななか、ACTグループは、国連創立七〇周年を祝う二〇一五年一〇月に、拒否権行使の限定的制限という内容を含むACTの行動規範に署名するよう各国に広く呼びかけ、一〇四カ国の署名を集めるに至った。署名国のなかには、常任理事国からの参加もあり、すでに拒否権行使の抑制に賛同していたフランスのみならず、イギリスも新たに限定的ながら賛同する意思を示したことが注目される。

5 コンクラーベ体質と透明性要求の戦い

最後に、透明性向上の取り組みを取り上げる。従来、コンクラーベ―厳重に鍵のかかった密室での協議で行われるローマ法王の選出会議―とも揶揄される安保理の密室での協議の透明性を高めるためには、まず安保理の手続き規則の成文化と、安保理に関する情報公開を促進することが重要だと考えられてきた。しかし、国連七〇周年記念会合を機に、安保理の透明性の向上に向けて、従来の枠にとらわれない新たな取り組みが生まれてきたことが注目される。

まず従来の取り組みに関してだが、安保理の手続き規則の成文化に熱心に取り組んできたのは、主として日本をはじめとする加盟国だった。日本は、非常任理事国として安保理に議席を有してきた期間が長いことから、手続き規則に関する知識と経験の集積が、常任理事国を除く加盟国のなかでは、突出して高い。その経験を生かし、日本は安保理の文書手続作業部会の議長として、近年の安保理の手続的慣行を成文化した安保理議長ノート（S/2006/507）を採択させるという成果を挙げた。また、前述した二〇〇六年に結成されたスモール・ファイブも、安保理の作業方法の改善を支持していた。

一方、これらの加盟国を中心とする取り組みのほかに、市民社会の側からも透明性向上に向けた独自の取り組みが行われてきた。インターネットの発達に伴い、シンクタンクやNGOがインターネットを通じた安保理に関する情報の開示促進に取り組み始めた。これらの市民社会アクターは数多あるが、本章では、一つの例としてセキュリティー・カウンシル・レポートという、二〇〇四年一一月に結成されたNGOを挙げる。同団体は、月例報告書の発行やテーマ別の分析的報告書の発行などを通して、安保理の活動に関する情報開示を促進している。

さらに、二〇一六年に行われた国連事務総長選挙を巡り、常任理事国が密室での協議により実質的な事務総長候補者一人を選定するという、従来の選定方法に対する批判が巻き起こった。前述したACTグループは、総会の実質的な関与の拡大を求め、事務総長立候補者の総会への届け出制や、事務総長立候補者を招聘しての公聴会の開催を要求する運動のイニシアティブをとった。その結果、二〇一六年の事務総長選挙においては、国連史上初めて事務総長立候補者の公聴会が開催されるに至ったことが注目される。

安保理のアカウンタビリティは向上しうるか

グローバル・ガバナンス論においては、民主主義の赤字とアカウンタビリティは、双子の問題であるとしばしばいわれてきた。本章においては、第二次世界大戦後のグローバル・ガバナンスにおいて中心的アクターとみなされる国連に焦点をあて、国連による安全保障の主たる責任を担うとされる安保理を取り上げた。そして、安保理に対する改革要求がアカウンタビリティの三つの属性―代表性、有効性、透明性―を、向上させるのに貢献しているかを考察した（表1「安保理改革とアカウンタビリティの三つの属性」参照）。

まず代表性の向上に関する取り組みとしては、安保理改組問題が一般的には挙げられるが、安保理改組自体は、一九六五年に行われた憲章改正を最後に、その後半世紀以上の長きにわたり膠着状態に陥っている。というのも、現常任理事国のほうは、そもそも改革自体に慎重な姿勢を崩していないからである。たとえば中国は、常任理事国枠の拡大に関しては慎重であり、非常任理事国枠の拡大に関してのみ、限定的に発展途上国の代表性向上に賛意を示している。また米国も、常任および非常任両方の理事国枠を増加させることに限定的な賛意を示してはいるが、安保理が拡大することにより、合意形成のコスト（時間・労力・妥協など）がかさむようになることを理由に、最小限の拡大のみを容認する立場を崩していない。拒否権を保持する常任理事国にとっては、安保理を改組しないこと自体が国益にかなうゆえに、その交渉は今後も難航を極めるだろう。一方、二〇一五年の国連首脳会合の際の多国間交渉が二〇〇五年時と比較し大きく異なっていたのは、グループL69にみられるように途上国の発言力が大きくなって

表１　安保理改革とアカウンタビリティの３つの属性
―国連創設70周年記念会合（2015年）を中心とした取り組み―

アカウンタビリティの属性／アクター	代表性			有効性	透明性
	安保理の構成に関する提案				
	常任理事国枠に関する提案	非常任理事国枠に関する提案	安保理の合計理事国数に関する提案	拒否権に関する考え方	作業方法改善・情報公開
G4	6カ国増 (G4プラス2カ国)	4ないし5カ国増	25カ国ないし26カ国	新常任理事国の拒否権は15年間凍結	
AU	6カ国増（アフリカ地域に2カ国増）	最低5カ国増（アフリカ地域に最低2カ国増）	少なくとも26カ国	存続する限りは即時使用可能	
コンセンサス・グループ	常任理事国枠拡大に反対	11カ国増	26カ国	撤廃できないならば、行使の制限すべき	
L69	6カ国増	6カ国増	27カ国	存続する限りは使用可能	
スモール・ファイブ				常任理事国による恣意的な拒否権行使の制限を主張	安保理の作業方法善
ACTグループ				拒否権行使の限定的制限を含むACT行動規範を提唱	事務総長選挙の透明化や安保理の作業方法改善
フランス・イギリス				拒否権行使の限定的抑制	
セキュリティ・カウンシル・レポート					安保理に関する情報公開

2017年1月現在の情報による。（筆者作成）
出典：主としてIntergovernmental Negotiation text on Security Council Reform dated on 31st Jul. 2015。http://www.un.org/pga/wp-content/uploads/sites/3/2013/11/Security-Council-reform-IGN-31-July-2015.pdf（2017年1月18日アクセス）

きたことである。代表性向上に向けた取り組みにおいては、今後、紛争やテロの根源である貧困や格差の是正の視点への一層の配慮が必要不可欠になってくるのではないかと思われる。

このように代表性向上に関して実質的な進展がみられない一方で、国連におけるマジョリティーである中小国の支持を集めていったのが、アカウンタビリティの残りの二つの属性である透明性や有効性の向上に関する取り組みだった。

安保理の作業方法改善などに関する透明性の向上に関する問題は、常任理事国といえども表立って反対するのは難しい問題であるがゆえに、徐々にではあるが改善が積み重ねられてきた。たとえば、二〇一〇年には、安保理の手続き規則に関する慣行をまとめた安保理議長ノート二〇〇六年版の改訂が行われるなど、少しずつではあるが成果が挙げられている。さらには、二〇一六年に行われた国連事務総長選挙においては、加盟国や国際世論の強い要求を受け、国連創設以来、史上初めての事務総長選立候補者による公聴会が開催されるなど、透明性を高めるための努力が行われた。

一方、拒否権行使の抑制などを含む有効性の向上に関する問題は、常任理事国にとっては自らの既得権益に直接抵触する問題であるがゆえに、従来から強く抵抗してきた。拒否権行使抑制を掲げた二〇〇六年のスモール・ファイブによる改革要求は、拒否権に固執する一部の常任理事国からの強い反発を招き、その活動は志半ばで頓挫させられた。しかし、二〇一三年には、スモール・ファイブの主張を引き継いだ新たなグループであるACTグループが生まれ、中小国を中心とする加盟国の間で急速に支持を拡大していった。とりわけシリア危機に際し安保理がなんら有効な手立てをとれない状況が続くなか、二〇一四年には、常任理事国のフランス自身が、拒否権行使の限定的抑制に関する議案を提案したことは画期的だった。その後二〇一五年の国連首脳会合の際には、ACTグループは、拒否権行使の限定的制限という内容を含むACTの行動規範への署名を各国に呼びかけ、一〇四の国およびそれに準じるグループの署名を集めるに至った。今後これらの動きが、国連憲章改正決議採択に必要な総会の構成国の三分の二の多数の支持を得るかどうか、そしてそれがすべての常任理事国を含む加盟国の三分の二によって批准され、実際に効力を発するところまでいくかを引き続き注視していきたい。

参考文献

興津征雄（二〇一四）「グローバル行政法とアカウンタビリティ―国家なき行政法ははたして、またいかにして可能か―」『社会科学研究』第六五巻第二号、五七―八七頁、六九頁。

北岡伸一（二〇〇七）『国連の政治力学―日本はどこにいるのか』中央公論新社。

瀬岡直（二〇一二）『国際連合における拒否権の意義と限界』信山社。

松浦博司（二〇〇九）『国連安全保障理事会―その限界と可能性』東信堂。

最上敏樹（二〇〇五）『国連とアメリカ』岩波書店。

村瀬信也（二〇〇九）『国連安保理の機能変化』東信堂。

Bovens, Mark（2007）Analysing and Assessing Accountability: A Conceptual Framework, *European Law Journal* 13(4), pp.447–468, p.449.

Einsiedel, Sebastian Von, David M. Malone and Bruno Stagno Ugarte, eds.（2015）*The UN Security Council in the Twenty-First Century*, Boulder: Lynne Rienner Publisher.

Grant, Ruth W., and Robert O. Keohane（2005）Accountability and Abuses of Power in World Politics, *American Political Science Review*, 99(1), pp.29–43.

Sievers, Loraine, and Sam Daws, eds.（2014）*The Procedure of the UN Security Council,* 4th ed., Oxford: Oxford University Press.

第4章

法の国際的統一と国際取引の促進

野村　美明

私たちが一般に法や法律と呼んでいるものは、国家が作ったものである。法の内容が国家ごとに異なると、企業の国境を越えた取引のコストを増大させ、国際取引の妨げになる。そこで、国家は協力して国境を越えた取引が自由に行えるような共通の枠組ルールや取引ルールを作ってきた。

本章では、国際的な法やルールの統一が企業による国境を越えた自由な取引を可能にし、促進する役割を果たしていること、そしてその統一を担っているのは国家だけではなく、私的団体や取引を行う企業であることをみていく。最後に、法統一による国際取引の効率化とローカルな価値の維持との対立と調和のダイナミズムについて考察する。

1　国際取引の枠組みルールと取引ルール

シルクロードの発見や正倉院のペルシャン・グラスにみられるように、人類は古くから他の地域との交易によってローカル社会では得られない価値や満足を手に入れてきた（図1）。ところが、遠方との交易は、売主は先に物を発送してしまうと代金を支払ってもらえないリスクがあり、買主は先に代金を支払ってしまうと商品が届かないかもしれないというリスクにさらされる。また、雇ったエージェントが商品を横領したり値段をごまかしたりするリスクもある。一一世紀の地中海貿易で活躍したユダヤ人のマグリブ商人たちは、通信や交通の未発達によって事前に詳細な契約書が書けず、契約を強制する法制度もなかったので、商人連合を形成して裏切り者情報を共有し、不正直な行為をした者は連合から追放する（村八

図１　交易による価値や満足の増加
白瑠璃碗（はくるりのわん）　正倉院蔵
３～６世紀、ササン朝ペルシアで製作されたものといわれる。
出典：宮内庁ホームページ（http://shosoin.kunaicho.go.jp/ja-JP/Treasure?id=0000011989）

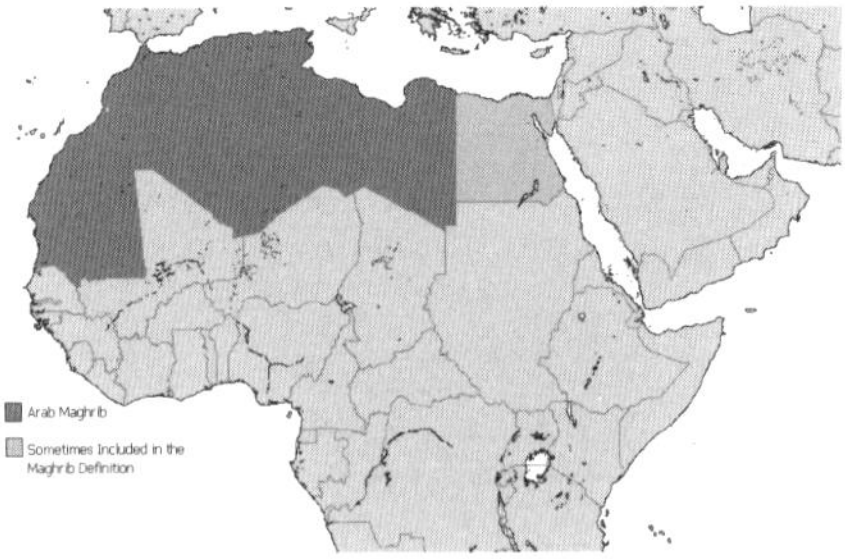

マグリブ地域（右上の薄色の部分も含ませる場合がある）
出典：https://commons.wikimedia.org/wiki/File:Maghrib.PNG

図2　11世紀地中海貿易と商人集団による強制
①包括的な契約書・契約強制制度がない　②ユダヤ人のマグリブ商人による連合形成
③信頼情報の共有　④不正直な行為をした者は連合から追放
出典：AVNER GREIF（Cambridge U. Pr., 2006）

分）制度によって取引の安全を守っていたという（図2）。

世界貿易は一七〇〇年からずっと拡大してきたが、国家間の対立のために貿易が停滞した時代がある。二〇世紀には貿易は国家の命運を左右するようになったが、植民地化と地域的な関税同盟による経済のブロック化は、世界貿易の停滞を招き、第二次世界大戦の遠因となった（図3。なおグラフのスムート・ホーリー法とは一九三〇年米国関税法のことで、米国は一九二九年に始まった大恐慌に際して国内産業保護のため農作物などの輸入関税を引き上げたので、多くの国が報復措置として米国商品に高い関税をかけた）。この反省に立って、第二次世界大戦終結後の一九四七年には、「関税その他の貿易障害を実質的に軽減し、及び国際通商

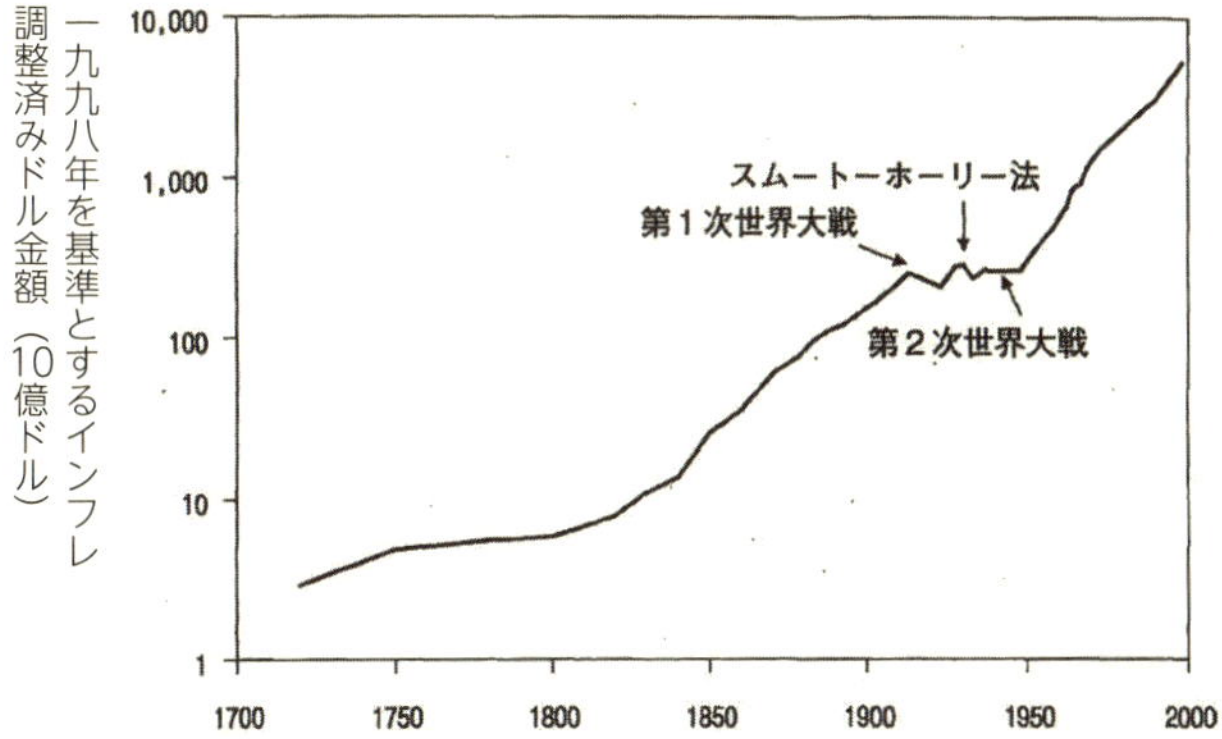

図３　世界貿易の実質価値（1720-2000）
出典：ウィリアム・バーンスタイン『華麗なる交易―貿易は世界をどう変えたか』（日経、2010）p.446 より作成

における差別待遇を廃止するための相互的かつ互恵的な取極」としてガット協定（関税及び貿易に関する一般協定）が締結された。

ガット協定は、一九九五年のＷＴＯ（世界貿易機関）を設立する協定のなかに取り込まれ、国境を越えた商品やサービスの取引のルールとなっている。これらの国際協定はＷＴＯの加盟国間で約束（国際約束）した国際法（条約）である。「協定」は英語ではagreementというが、これは「合意」という意味である。ここからも、ＷＴＯなどの協定は国家間の約束あるいは合意であることがわかる。

ＷＴＯのルールは加盟国の権利義務を定めるが、加盟国の企業を直接拘束するものではない（図４）。ＷＴＯは関税などの貿易障害や差別待遇を削減・撤廃するために加盟国間の「交渉の場」を提供し

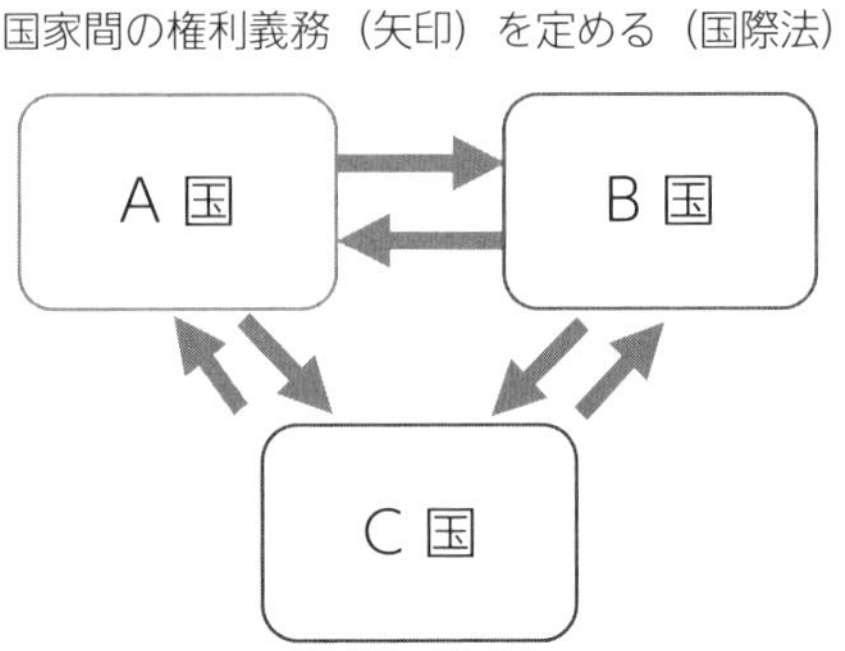

図４　WTO の国家間貿易ルール

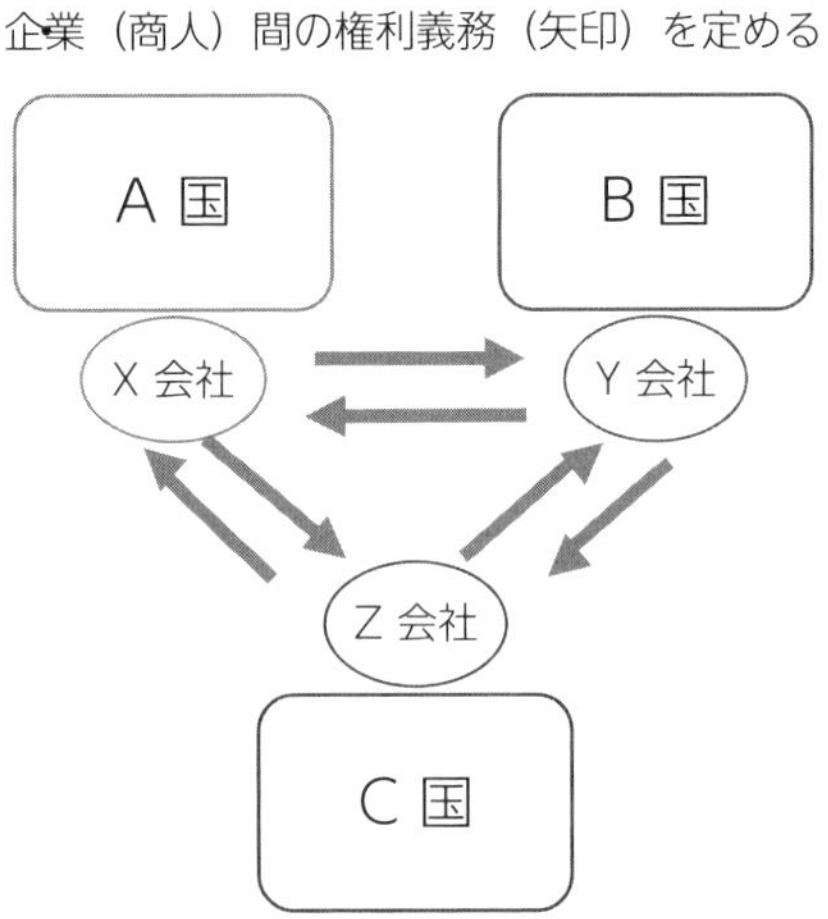

図５　契約による国際取引法のルール

たり、加盟国間の権利・義務に関する紛争を解決したりするが、企業間の交渉や紛争解決には関わらない。ＴＰＰと略称される環太平洋パートナーシップ（Trans-Pacific Partnership）協定やＲＣＥＰと略称される東アジア地域包括的経済連携（Regional Comprehensive Economic Partnership）も、太平洋を取り囲む国々やアジアの国々の間で、商品やサービス、投資などの取引が自由にできるように、各国の貿易や投資の自由化やルール作りを進めるための国際約束

（条約）を目指している。

国境を越えた取引の主役は国ではなく、企業である。ＷＴＯやＴＰＰのルールは、加盟国がお互いに約束して自由貿易のいわば共通の枠組み（枠組みルール）を提供しようとするもので、企業はその枠組みのなかで国際取引を行うということができる。しかし国家が自由貿易の枠組みルールを用意するだけでは、国際取引は盛んにはならない。国際取引を促進するためには、個々の企業が枠組みルールのもとでお互いに契約することによって、どのような権利を得、義務を負うのかというルールが明らかになっていることが必要である。このような契約による企業間の取引ルールが、国際取引法の中心的な対象である（図５）。もっとも、企業間の国際取引に適用されるルールを国家が合意する場合もあるが（後掲図９）、これは後で見る。

2　国際売買に適用されるルール

１では、国際取引を促進するためのルールには、ＷＴＯ協定やＴＰＰ協定のような自由な取引を促進するための枠組みルールと、取引の主体である個々の企業が取引によってどのような権利、義務を負うのかを決める取引ルールがあることを説明した。以下では、個々の企業の国際取引に適用されるルールのうち、もっとも典型的な国際売買に適用されるルールを考察する。

国際売買契約

国際取引で最も典型的なものは、国境を越えた物品（モノ）の売買、つまり国際売買である。国際売買は、商品の輸出や輸入、つまり貿易というかたちで、わたしたちの生活に身近になっている。図6の取引はA国の売主からモノが国境を越えてB国の買主に移動し、B国の買主から代金（カネ）がA国の売主に移動することで完結する。

企業は国際売買を円滑に行うために、国際的な売買契約を締結する（図6の①）。このような売買契約は、売主が買主にモノを引き渡しますという約束（商品引渡義務）と買主が売主に代金（カネ）を支払いますという約束（代金支払義務）からなる。しかし普通の約束とは異なり、契約上の約束は法律によって強制的な力を与えられている。つまり、約束違反があったときは、違反した相手を裁判所に訴えれば、裁判所の命令という形で約束を強制的に実現することが可能となるのである。現代では、契約制度と裁判制度が1でみた一一世紀のマグレブ商人の集団

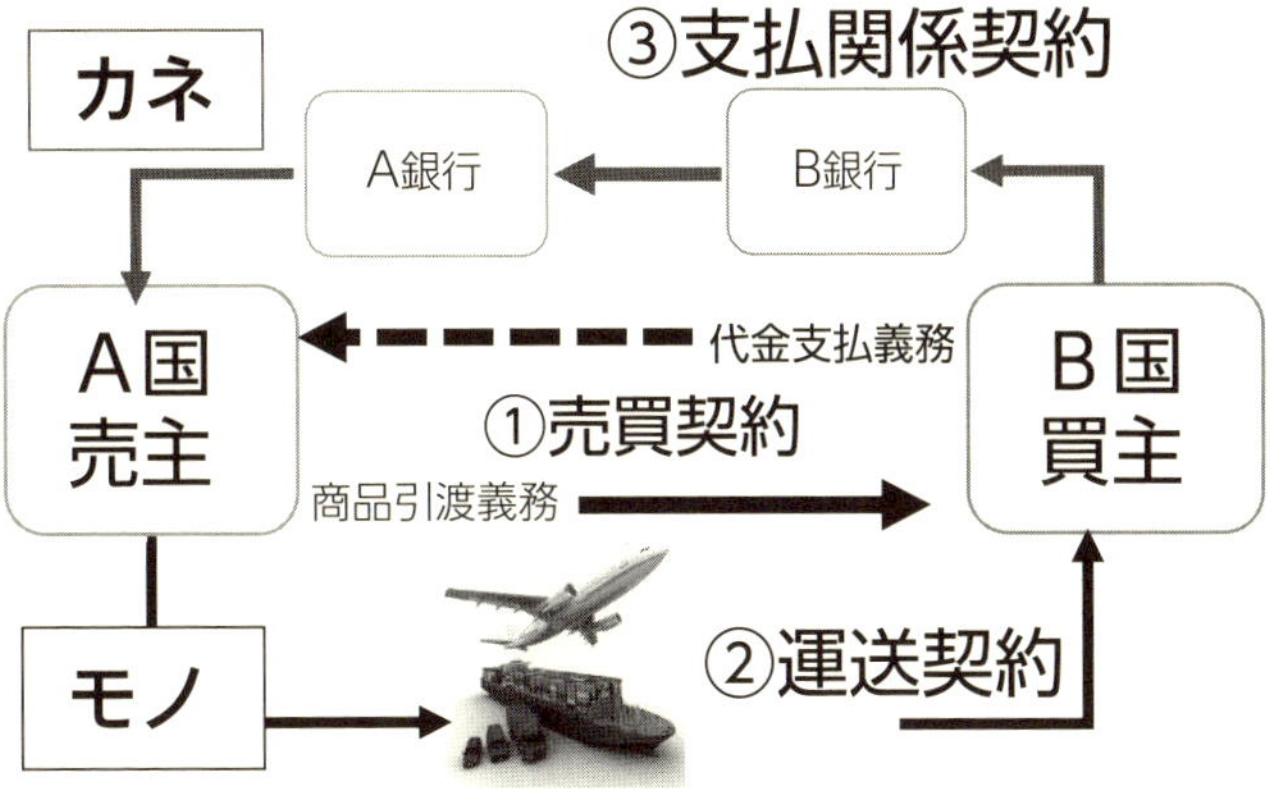

図6　国際的な売買契約とそれを支える国際契約

的圧力の役割を果たしているといえる。図6を参考に次の例を考えてみよう。

例1　売主は買主にモノを売ったが（①）、買主は約束した代金を支払わない（③）。売主は買主に対して「原告（売主）は被告（買主）に対し、①の売買契約に基づき、代金○○ドルの支払を求める」といってA国の裁判所に訴えた。裁判所は売主の訴えを認め、「被告（買主）は原告（売主）に○○ドルを支払え」と命令する判決をした。被告買主がこの命令に自主的に従わない場合には、原告売主は判決をもとに自分の権利を強制的に執行してもらうことができる。たとえば買主の財産を差し押さえてその財産を金銭に換え、得られた財産を売主に渡すというように。

裁判所が「被告（買主）は原告（売主）に○○ドルを支払え」と命令して売主と買主の間の約束（合意）を強制的に実現する力（執行力）を与えることができるのは、売買契約の買主は売主に代金を支払わなければならない（支払義務を負う）という法的なルール、裏からいえば売主は買主に代金の支払いを要求することができる（代金請求の権利をもつ）という法的なルールが論拠となっているからだ。言い換えれば、裁判所はこのような売主と買主の権利義務に関する法律のルールを適用して、契約上の権利義務を強制的に実現することができるのである。

もっとも、後述するように、法律のルールには契約の当事者が明確には約束しなかったあるいは契約書に書き忘れた不完全な点（穴）を解釈・補完するというバックアップ機能があることを忘れてはならない。このような機能を果たすルールのことをデフォルトルールまたは任意規定と呼ぶ。各国の法律は、取引のデフォルトルールを決めておくだけではなく、情報や交渉力の格差を補ったり公正でない取引を禁止したりする強行的なルールを定めている。

国際売買契約に適用すべき法は選択できる——国際私法

ところで、売買契約に強制的な実現力を与えるのは法律だといっても、図6の①のようなA

国の売主とB国の買主の売買契約だと、売買契約に適用される法律はA国法なのかB国法なのかが問題となる。ある国際的な取引にいずれの国の法が適用されるかという問題を決定するのが、国際私法である。日本では国際私法の最も重要なルールは「法の適用に関する通則法」に定めてある。韓国にも「国際私法」という法律があり、中国では「渉外民事関係法律適用法」がある。前述の例1では売主は買主をA国の裁判所で訴えているので、A国の裁判所はA国の国際私法に従い、売買契約に適用されるのがA国法なのかB国法なのかを決定しなければならない。次の例で説明しよう。

例2　例1でA国の国際私法が「契約当事者は、契約に適用すべき法を自分たちで選択することができる」と定めていたとする。売買契約書をみると、「この売買契約はA国の法によって解釈され、規律される」という条文が記載されている。するとA国の裁判所はA国の法律を適用して、売主と買主の権利義務を判断すればよいことになる。

幸いなことに、日本、韓国、中国、欧州連合（EU）、米国の各州（国際私法の立法権は原則として合衆国ではなく州が有している）など多くの国はA国と同じように、当事者に契約に適用すべき法の選択の自由を認めている（法選択の自由または当事者自治という）。もしB国の国際私法もそうだとすれば、たとえ売主がB国で買主を訴えたとしても、B国の裁判所は売買契約書に記載されたA国法の選択を尊重するから、B国の裁判所はA国法を適用して売主と買主の権利義務を判断することになる。

国際売買契約に適用すべき法が選択されない場合——国際私法の難点

しかし、A国の国際私法が「契約当事者は、契約に適用すべき法を自分たちで選択することができる」と定めているからといって、現実にはB国の買主はB国法の適用を望むかもしれないので、例2のように契約書に「A国の法によって解釈され規律される」と書けないかもしれない。このように当事者による法選択がなかったときは、売買契約に適用すべき法はどのように決定するのか。当事者が自分で選択しない場合に備えて、各国の国際私法はいわばバックアップ用のデフォルトルールを準備している。バックアップルールには2つのタイプがある。

(a) 日本、韓国、EUの国際私法は、契約に最も密接な関係を有する地の法を適用する原則（最密接関係地法の原則）を定めつつ、売買契約を特徴づけているのはモノを引き渡すという売主の行為であって、お金を支払うという買主の行為ではないという理由（特徴的給付の理論と呼ばれる）から、原則的に売主の事業所が所在する国の法（例ではA国法）が売買契約に最も密接な関係を有する地の法であると推定する。しかし、これらの国の国際私法でも、契約がA国よりもB国に明らかにより密接な関係を有すると認められた場合には、A国法に関する推定は破られ、B国法が適用される仕組みとなっている。例としては、契約の時点では売主と買主がそれぞれ契約は自国法で解釈すべきだと主張して譲らなかったような場合でも、B国の買主が自己ブランドでB国の市場向けに仕様を決めて発注するようなケースが考えられる。なお、中国の国際私法は規定が不明確であるが、日本や韓国と同様のタイプに属すると思われる。

(b) 米国では法律が州によって異なっており、州議会のみならず裁判所にも法を作り出す権限が認められている。このため契約にどこの国の法を適用するかという問題に加えて、どこの州の法を適用するかも問題となるので、国際私法のルールは「国際」私法ではなく、「法の抵触」に関する原則または抵触法ルールと呼ばれている。抵触法ルールは成文の法律で書かれていない州もあり、何がルールかを発見するのが困難な場合がある。多くの州の抵触法ルールは、当事者による法選択がない場合には、売主の事業所所在地法というような明確な推定規定を設けないで、契約に最も重要な関係を有する地の法を適用するという一般的な指針を示しているのみである。そこで、このような不明確なルールによるトラブルを避けるため、たとえば米国社製のスマートフォーンの利用契約には、「本契約は、法の抵触に関する原則を除き、カリフォルニア州法を準拠法とし、同法に従って解釈されるものとします」と記載されている（後でみる例4の契約も参照）。

以上のように、売買契約上の売主と買主の権利義務をどの国の法で判断すべきかの問題には、確実な答えはない。第一に契約に適用すべき法について当事者による選択の自由を認める国際私法であっても、売主と買主がそれぞれ自分の属する国の法の選択を望む場合には、契約に適用すべき法が決まらない。第二に、当事者による法選択がない場合には売主の事業所所在地法を推定する(a)に属する国際私法でも、推定が破られるおそれがある。第三に、(b)に属する国際私法では、当事者による法選択がない場合に契約に適用すべき法を一義的に決めることはできない。

契約に適用すべき法はどこの国の法かに関して、前述の第一の不確実性は、当事者の選択の不確実性であって、国際私法のルールのせいではない。しかし、第二と第三の不確実性は、当事者の選択がない場合に、一国の国際私法ルールが契約に適用すべき法を一義的に指示できないことおよび国によって国際私法ルールが異なること、に起因する。

前述の第一の不確実性が当事者が法を選択できないことによって生じるのに対して、法の適用に関する第二と第三の場合の不確実性の原因は次のように要約できる。①ある国の国際私法ルールが不明確なこと（たとえばA国の国際私法によれば契約にA国法が適用されるかB国法が適用されるかが不明確である)、および②国によって国際私法ルールの内容が異なること(たとえば、A国の国際私法によれば契約にはB国法が適用され、B国の国際私法によればA国法が適用される)から生じる。

当事者が契約に適用すべき法を選択していない場合、②の各国の国際私法ルールの内容が異なると、当事者がたとえばA国の裁判所に訴えを起こすと、A国の国際私法はA国法(国際私法と区別するために「実質法」と呼ぶことがある)を適用するように指定し、B国の裁判所だとB国の国際私法がB国実質法を適用するように指定するという結果になる(図7)。

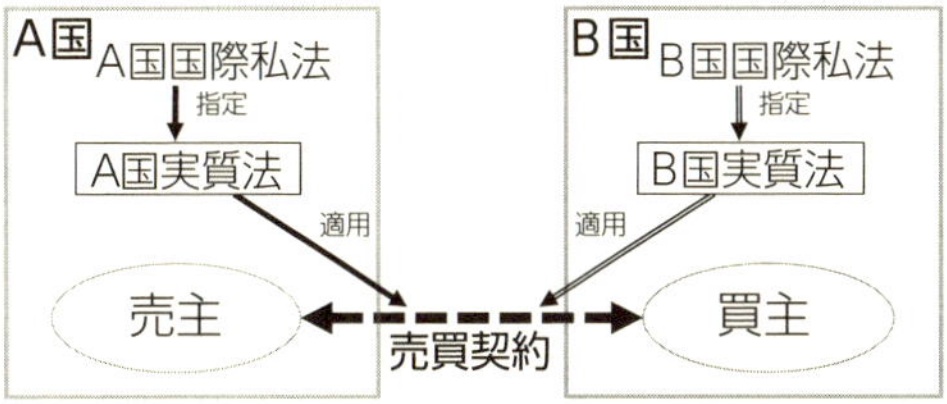

図7　各国の国際私法が異なる国の法を指定する

すると、契約にA国法が適用される方が有利だと考える当事者はA国の裁判所で訴えを起こし、B国法が適用された方が有利だと考える当事者はB国の裁判所で訴えを起こす可能性が出てくる。どちらの法廷に訴える方が有利かを考えて行動するので、法廷地あさり(フォーラムショッピング)といわれる。もっとも、①の国際私法ルール自体が不明確であれば、どこの国の実質法が適用されるかを予測するのが困難であるから、法廷地あさりの可能性はかえって少なくなるともいえるが、これはルールによる事前の予測可能性がないためであって、取引の深刻な阻害要因である。

以上をまとめると、①各国の国際私法ルールが不明確であるとき、および不明確でなくても②各国の国際私法ルールの内容が異なるときには、国際取引は阻害される。①の場合は契約に適用すべき法が事前に（訴訟提起前に）予見できないので、法廷地あさりのリスクは少ないものの、国境を越えた取引のリスクとコストを高めるからである。②の場合は各国の国際私法ルールが異なる国の法の適用を指定してしまう可能性があると、当事者の一方が自分に有利な国の法を適用してくれる国に訴えを起こす法廷地あさりの誘因となり、国際取引のリスクとコストは増大するからである。

国際売買契約に適用すべき法——国際私法の統一

②の各国の国際私法ルールの内容が異なることが国際取引の阻害要因となることを防止するためには、国と国の間で同じ国際私法ルールを合意すればよい。つまり、国際的に国際私法ルールの統一をすればよい。国際私法の統一によって、②の各国の不明確な国際私法ルールを明確化することも期待される。国際私法ルールの国際的統一という手法を大規模に採用したのが、

EUである。EUは、契約債務の準拠法に関する規則によって、それまで契約分野で独自の国際私法ルールをもっていたドイツ、フランスや英国などのルールを統一した。

このことを図8で説明すると、契約に関する紛争について加盟国のA国で訴訟してもB国で訴訟しても、EU国際私法のルールが契約に適用すべき法としてA国法を指定しているならば、A国の裁判所もB国の裁判所も、同じA国の実質法を適用するはずである。具体的には、EUの契約債務の準拠法に関する規則は、前述の(a)の方法を採用し、第一に当事者が選択した国の法が適用され、それがない場合には原則として売主の事業所が所在する国の法が適用される結果となる。

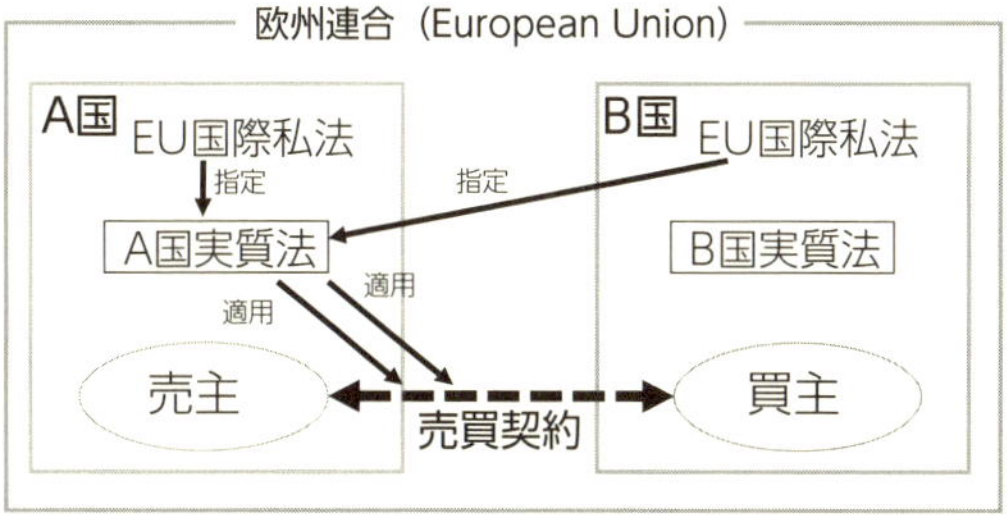

図８　統一国際私法が同じ国の法を指定する

EUのように契約に適用すべき法を決定するための国際私法を統一してしまえば、図8のようにA国の裁判所もB国の裁判所も売買契約にはA国実質法を適用するから、売主も買主も契約を締結するときに自分たちで契約に適用すべき法を選択できなければ、A国の実質法が適用されることになるだろうと予測できる。したがって、前述のような自分に有利な実質法の適用を求めて法廷地あさりをする誘惑も減少するだろう。
　契約に関する当事者の権利義務に争いが生じたときにEU加盟国のどの国の裁判所で訴えても契約には同じ国の法が適用されるとすると、裁判の結果である判決も同じになるはずである。具体的には、次の例のようになる。

例3　EU加盟国のA国裁判所がある売買契約紛争についてEU国際私法のルールに従いA国の実質法を適用して裁判するときは、A国の実質法の中の特定の規定、たとえば、契約法○○条の「売買契約の買主は、売主に売買代金を支払わなければならない」というルールを適用して、「売主は買主に××ユーロ支払え」という判決をするとする。するとB国で裁判が行われたとしても、B国の裁判所はEU国際私法のルールに従い、A国の実質法を適用する。この場合、B国の裁判所がA国の実質法を正しく適用しようとすると、権威あるA国の裁判所と同じような方法でA国の実質法を適用するのが合理的である。すると、B国裁判所はA国の契約法○○条の「売買契約の買主は、売主に売買代金を支払わなければならない」というルールを適用することになるから、適用の結果も、「売主は買主に××ユーロ支払え」という判決になるはずである。

例3のような、同じような紛争をA国で裁判してもB国で裁判しても、同じ内容の判決が得られることを「判決の国際的調和」という。国際私法学では、各国は、判決の国際的調和が達成されるように自国の国際私法を定め、解釈しなければならないとされるが、これは各国が国際私法の立法権を有している現状では、各国の立法者が国際私法の内容を国際的に調和させていくべきだという努力目標に過ぎない。しかし、EUの統一された国際私法ルールのもとでは、加盟国間の判決の国際的調和は国際私法の機能であるといえる。

EUの統一された国際私法ルールのもとで加盟国間の国際的調和が達成されることを前提に、EUは、他の加盟国の権限ある裁判所がした判決を別の加盟国がそのまま承認・執行する制度（裁判管轄並びに判決の承認及び執行に関する規則に基づく制度）を確立させた。他の加盟国の裁判所がした判決を自国で承認執行するということは、EU域内では国際取引に関する紛争をどこで裁判しても同じ判決を得ることができ、その判決は加盟国のどこでも通用するということを意味する。

判決の国際的調和と判決の国際的通用性を達成することは、EUのような域内統一市場の要請であり、国境を越えた取引の促進につながるが、国際的にはまだ実現していない。そこで、国際私法のルールを介さないで、国際売買契約に適用される各国の実質法自体を統一することによって、国際取引を促進する方法が重要となる。

国際売買契約に適用すべき法の統一と限界

国際売買契約に適用される各国の実質法自体を統一した重要なルールが、国際物品売買に関する国際連合条約（一九八〇年）（United Nations Convention on Contracts for the International Sale of Goods の英語の頭文字をとってCISGと呼ばれることが多い。以下では「国連売買条約」という）である。国連売買条約は、国際的に統一されたルールは、異なる社会的、経済的及び法的な制度から生じる法的障害を除去し、国際取引の発展を促進する（条約前文）という理由で作成された。国連売買条約は、二〇一七年現在で、日本の他、米国、カナダ、中国、韓国、ドイツ、イタリア、フランス、オーストラリア、ロシア等、八六カ国が締約国となっている。これらの国では、国際私法のルールを適用しなくても、営業所が異なる国に所在する当事者間の物品売買契約で、これらの国がいずれも条約の締約国であれば、国連売買条約が適用される。

この条約がどのように適用されるかを図9でみてみよう。営業所がA国にあるX会社と営業所がB国にあるY会社の間の物品売買契約には、A国もB国も国連売買条約の締約国であるから、この条約が適用される。Y会社とZ会社、Z会社とX会社の間の売買契約についても同様である。しかし、A国、B国またはC国の会社とD国にあるV会社との物品売買契約には、条

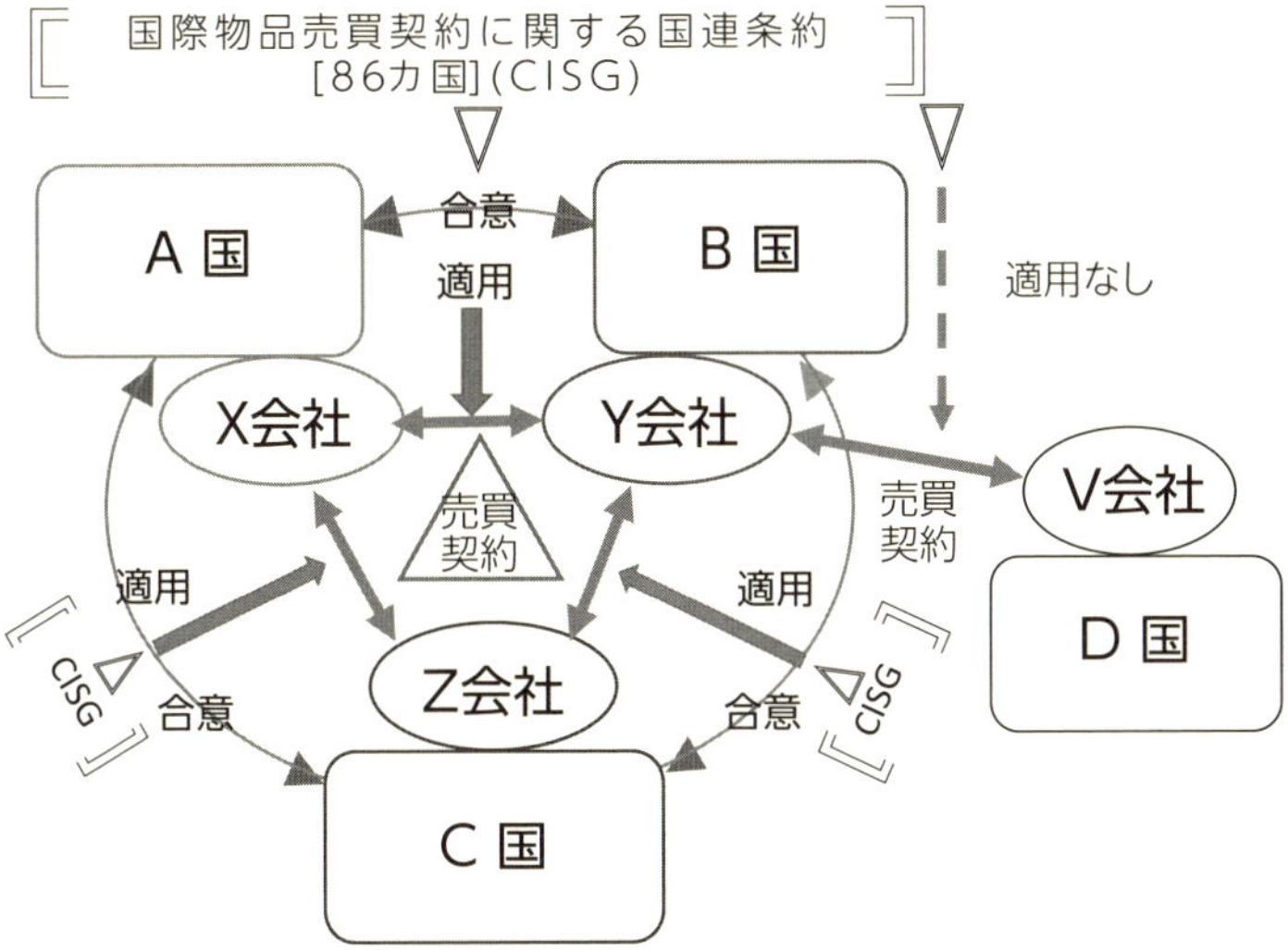

図９　国際法取引法のルールを定める国家間の合意

約は適用されない。なぜなら、D国はこの条約の締約国でなく、条約の内容に合意していないからである。

この条約は、「買主は、契約及びこの条約に従い、物品の代金を支払い、及び物品の引渡しを受領しなければならない」(五三条)とその義務を定め、さらに「代金を支払う買主の義務には、支払を可能とするため、契約又は法令に従って必要とされる措置をとるとともに手続を遵守することを含む」(五四条)と代金支払義務を詳細に定めている。さらに、買主による義務違反がある場合に売主にとのような救済が与えられるかとか、それに対応する売主の義務や売主による契約違反についての救済なども網羅している。

もちろん、当事者の権利義務は契約書の中で詳細にかつ網羅的に定めることができる。しかし、未来を予測して問題となるかもしれないすべての点について契約で定めておくのは不可能であるし、契約の目的と時間的制約や契約作成のコストを比較すると、契約書を作成しなかったり、簡潔な契約書を利用したりすることが多い。契約には必ず当事者が決めることができなかった穴（ギャップ）があるので、法律にはこの穴埋めをするバックアップ機能がある。国連売買条約は、国際物品売買契約に適用される法的ルールを包括的で詳細に統一している優れたデフォルトルール（任意規定）である。

国際物品売買契約に関する紛争が世界のどこで生じても、世界の多くの国の裁判所がその契約には原則として条約のデフォルトルールを適用することになるだろう。同じルールを適用して裁判するのであるから、理論的には同じ結果、同じ内容の判決になるはずである。実際、判決の国際的調和を促進するために、この条約を適用した世界中の裁判所の判決やその概要がウェブサイトで公開されている。

しかしながら、この条約は電力などをカバーしない上に、物品取引においてきわめて重要な商品の所有権や担保権がどうなるかも規定していない。またこの条約のルールは契約の定めがない場合に適用されるデフォルトルール（任意規定）なので、当事者の合意によって条約の適用を排除することができるという限界を有している。これを次の図10の例で見てみよう。

ANNEX 3.1

PURCHASE ORDER

PURCHASE ORDER

Date:

Purchase Order No.:

Seller: Tompkins Company
100 County Road
Seattle, Washington
U.S.A.

Buyer: Merlin Enterprise, Inc.
235 Orchard Road, Singapore

Ship to: Merlin Xandoria, Co.
123 Main Street, Xandoria City
Xandoria

Item Name/Product Number	Quantity	Unit Price	Total Amount
5 Pack Paper Towel (TPT011)	10,000	US$15	US$150,000

Subtotal: US$150,000
Tax Rate: 7%
Tax: US$10,500
Total: US$160,500

Special Instructions: [　　　　]

Approved by
(Purchaser's authorized signatory):

Date:

Acknowledged by
(Tompkins's authorized signatory):

Date:

GENERAL TERMS AND CONDITIONS

The following terms and conditions apply to this contract unless otherwise specified on the face hereof and/or agreed upon in writing:

1. SHIPMENT: The date of the bill of lading shall be accepted as a conclusive date of shipment. Partial shipment is allowed.

2. PAYMENT: Buyer shall cause to be opened an irrevocable letter of credit in favor of Seller for the payment of 100% of the contract price within such number of days as notified by Seller to Buyer. Such letter of credit shall be maintained until payment in full of the contract price. The letter of credit shall be opened by such a bank and upon such terms as are acceptable to Seller. Seller's obligation to ship the goods specified on the face hereof ("Goods") shall be conditioned upon the issuance of such letter of credit.

3. TAXES: Buyer agrees that all payments to be made hereunder shall be made without setoff or counterclaim and free and clear of, and without deduction for, any taxes, levies, imposts, duties, charges, fees, deductions, withholdings or restrictions or conditions of any nature whatsoever now or hereafter imposed, levied, collected, withheld or assessed by any country or by any political subdivision or taxing authority thereof or therein.

4. INCREASED COSTS: If Seller's cost of performance is increased after the date of this contract by reason of increase of freight rates, taxes, other governmental charges, packing charges, insurance rates including war risk, or other cause which is beyond Seller's reasonable control, then Buyer shall compensate Seller for such increased costs or damages or losses.

5. DELIVERY: The delivery of Goods shall be made according to the trade terms described on the face hereof. The trade terms shall be interpreted according to INCOTERMS 2010, published by the International Chamber of Commerce.

6. TITLE AND RISK: Risk of loss or damage to Goods shall be transferred from Seller to Buyer at the same time as delivery of Goods under paragraph 5 above. Title to Goods shall pass from Seller to Buyer simultaneously with the transfer of risk of loss unless the face hereof contains the term "retention of title" or similar expression, in which event title to Goods shall be retained by Seller until full payment of the contract price is made by Buyer.

図10　売買契約書の例

出典：Reproduced with permission from Mitsuru Chino, *A Lawyer's Introduction to Cross-Border Deals*, (forthcoming).

例4　図10の売買契約の例では、左側の契約書の表面（個々の取引ごとに取り決める条件を記入する）をみると、米国ワシントン州の売主（Seller）がシンガポールの買主（Buyer）にペーパータオルを販売する契約であることがわかる（もっとも、商品を受け取るのは買主ではなく、別の国にある会社―おそらくは買主の子会社―である）。右側は裏面にあたる部分で、買主や商品が変わっても適用できる「一般的取引条件」が印刷されている（裏面約款と呼ばれる）。図では引用されていないが、その第16項（全文は野村美明編著『ケースで学ぶ国際私法』（第二版、法律文化社、二〇一四）二六〇頁以下に掲載）は「この契約はワシントン州法（抵触法原則を除く）

により規律される。この契約には国連売買条約は適用しない」と定めている。この条項は、条約の適用を排除し、ワシントン州法を契約の準拠法とすることによって、米国の州と州の取引に適用される統一的なモデル法である米国統一商事法典（英語の頭文字をとって「ＵＣＣ」と呼ばれる）のルール（ワシントン州も採択している）を国際的な契約にも適用できるようにする意図であると考えられる。

ところで、英国は国連売買条約の締約国ではない。その理由は、国際的な物品売買契約にも伝統ある英国の売買法のルールとそれを解釈した裁判所の判例ルールを維持したいからだといわれている。この理由は、ワシントン州の売主の意図と同様である。条約が準備するデフォルトルールよりも英国や米国が用いてきたデフォルトルールのほうが長い実践を経て洗練され、ルールとしての予見可能性に優れているというのが大きな理由だろう。

しかしそれに加えて、ルールの内容はともかく、歴史の浅い国際的統一法よりも、長らく慣れ親しんだルールを使いたいという弁護士の利益や、英国でいえば英国法を契約の準拠法にし、英国で裁判をする合意をすることで、契約紛争を英国の裁判や仲裁に導いて英国の法律家・仲裁人とホテルなどの周辺ビジネスの利益を図る意図もあると考えられる。実際に、穀物などの国際商品や石油や天然ガスなどの有力業界が作成した標準的な売買契約書の多くは、国連売買条約の適用を排除して、英国法や供給者（売主）側の国の法を契約に適用する条項を設けている。

そもそも、有能な弁護士がコストをかけて作成した詳細な契約書や力のある業界団体が作成し、改訂を繰り返している標準契約書は、法律による強制以外のバックアップルール（任意規定）をさほど必要としないとも考えられる。

当事者の合意によって契約に取り入れられる統一ルール

売主と買主が締結する売買契約の内容は商品の性質や特徴によって様々であるが、売主の引渡義務や物品についての危険（リスク）および費用の移転時期については国際的な統一ルールが存在する。インコタームズ（INCOTERMS）と略称される「貿易用語の解釈に関する国際規則」である。もともと貿易における売主と買主の義務については、ＦＯＢ（Free on Board）（本船積込渡）をはじめとする交易条件が各国の貿易都市で慣習的に発展してきた。しかし、慣習的な取引条件は、地域によって解釈が異なっていた。そこでフランスのパリに本部を置く国際商業会議所（ＩＣＣ）が、国際売買契約に関する取引条件を世界的に統一して、契約解釈をめぐる誤解や紛争を除去するために作成したものがインコタームズである。

インコタームズのルールは、その淵源が国際的な商慣習に基づくといっても、私的団体が作成したルールであり、条約のような拘束力をもたない。したがって、当事者の意思により契約の一部として取り込むことが必要となる。次の図11を参考に、前掲図10の売買契約書例で説明しよう。

例5　売買契約書の表面に「FOB　A国○○港」と記入（前掲図10売買契約書の左側は未記入）し、さらに図10右側の裏面約款第5項のように「引渡しは表面に記載された取引条件による。取引条件はICC二〇一〇年版のインコタームズに従い解釈する」と印刷してあるとしよう。

すると表面に記入した部分と裏面に印刷された部分が対応して、A国の○○港を船積港（輸出地港）とするFOBによる取引条件が契約に取り入れられることになる。FOBによる取引条件（図11）によれば、①物品が目的の船舶（本船）に積み込まれた時点で売主が引渡義務を履行したことになる。するとFOB条件によれば、引渡し時点から物品に関する滅失または損傷のリスク（危険）が売主から買主（②から③）に移転し、③買主が物品に関する滅失または損傷のリスク（危険）を負担することになる。買主が物品の滅失・損傷リスクを負担するというのは、①時点で売主の履行義務は完了するが、買主の履行義務は残るので、買主は商品が滅失・損傷

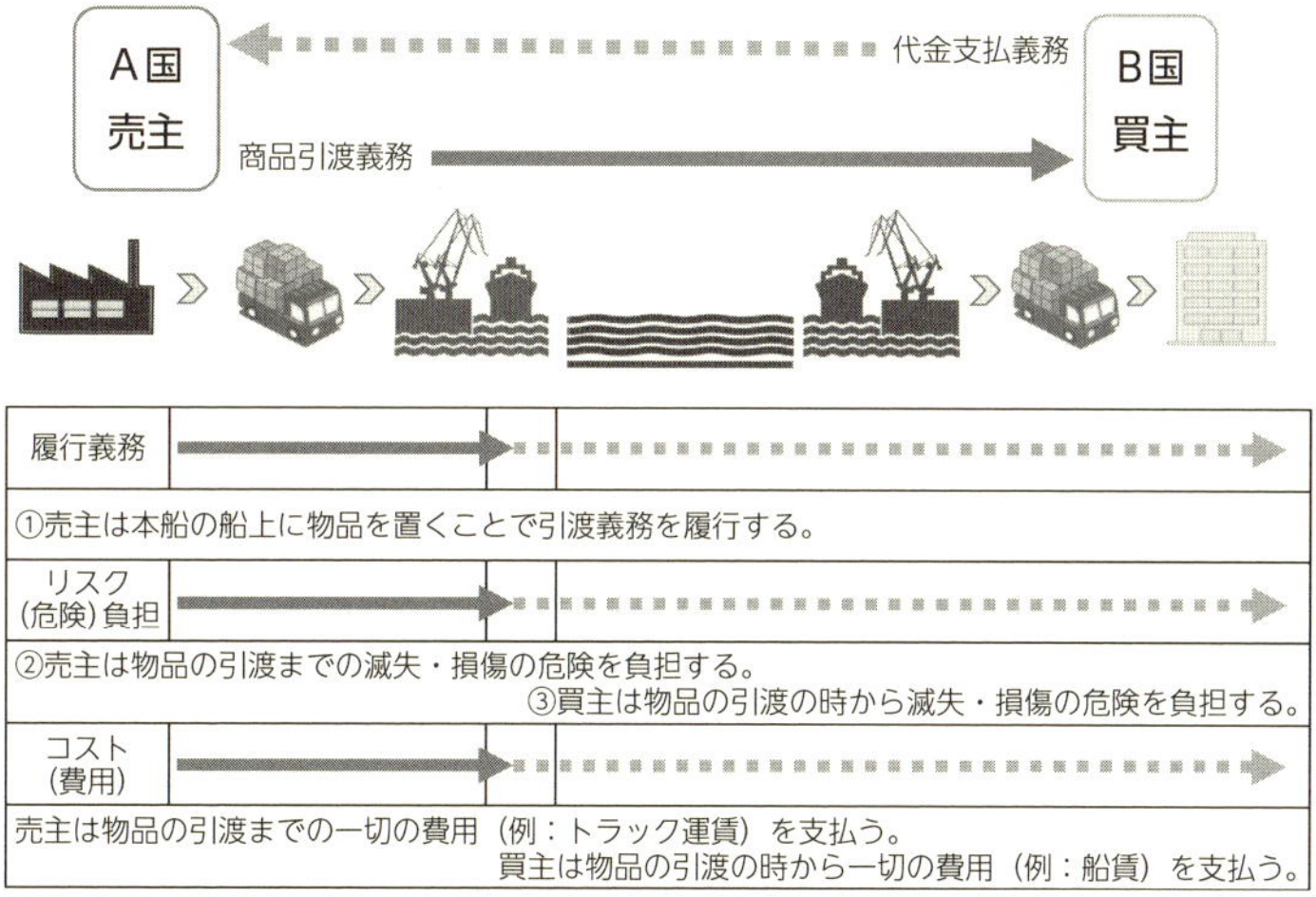

図11　インコタームズ　FOB条件

した場合でも代金支払義務から免れることはできないことを意味する。なお、図10の裏面約款第6項は、「商品の損傷・滅失のリスクは、第5項による商品の引渡し時に売主から買主に移転する」とFOB条件と同様の内容を繰り返している。

インコタームズは、ＩＣＣのような私的な団体が国際的に統一を図った取引条件であるが、以上のように当事者がこれを自らの意思で契約中に取り込むことによって、多くの売買契約において重要な権利義務の統一が実際的に達成される。インコタームズのような統一規則は、当事者による援用によって統一が達成される性質に着目して、援用可能統一規則と呼ばれることがある。

国際売買の標準契約による国際的統一――作成者に有利

上でみた穀物などの国際商品や石油や天然ガスなどの標準的な売買契約書（定型約款とか定型約款とも呼ばれる）では、一般的な売買当事者について標準的な条項が定められている。売買契約の当事者が標準契約書を用いることによって、多くの契約が標準化されることとなり、実際上の売買契約ルールの統一が達成される。当事者の意思で契約する点で援用可能統一規則と似ているが、売買契約の一部の条件ではなく、売買契約の全体を有力な業界団体が作成した定型的な書式で統一しようとする点で、多くの場合売主（供給者）側に有利な内容となっている。

標準契約が国際取引の公正さを害することを避けるために、次節でみる運送契約においては、強行的に適用される国際統一条約を作成して、当事者間の公平が図られてきた。

3 その他の国際取引に適用されるルール

私たちは、前節では国際売買契約に適用されるルールを、当事者の選択によるものと国際私法ルールにより指定されるものに分けられることおよび国際私法ルールの国際的な統一と国際売買契約に適用される実質法自体の統一が国際取引の促進に役立つことをみた。以下では、国際売買を実現するために必要不可欠な運送契約および支払い関係の契約（前掲図6の②と③）について、適用されるルールとその取引促進効果を概観する。

国際的運送契約とルールの統一

図6②のような運送契約では、運送人（船会社）が荷送人（売主）からある物品を受け取り、運送して荷受人（買主）に引き渡すことを約束し、荷送人がこれに対してその運送賃を支払うことを約束する。

国際海上運送契約

船舶による国際的な海上運送契約は、日本では国際海上物品運送法が規律している。この法律は、一九二四年八月二五日にブラッセルで署名された船荷証券に関するある規則の統一のための国際条約と一九六八年改正議定書に基づいている。

船荷証券の裏面に記載された約款は、前述の標準契約の役割を果たし、作成者に有利に働く。実際、一九世紀後半、荷主（荷送人、荷受人、運送品の所有者など）に比べて経済的に強い立場にあった運送人（船会社）は、自己の責任を否定することができる免責事由などの有利な条項を記載したので、各国が独自の規制法で自国の荷主を保護していた。そこでこれらの条約は、統一的に運送人の免責事由を制限するとともに運送人の責任の最低限度を定めて、運送人の義務と責任に関する法を国際的に統一しようとした。このほかにも国際的な統一ルールとして、一九七八年の海上物品運送に関する国連条約があるが、開発途上国には支持されているものの、日本などの海運国は採用していない。

以上のような国際的統一ルールは、当事者の契約の自由に委ねておくと契約の公正を損ねるような場合に、法律が強行的に介入して当事者間のバランスを回復しようとする強行規定（強行法規ともいう）の性質をもっている。たとえば、運送契約で運送人の義務と責任を軽減したり免除したりする条項（利用者に不利な特約）を設けても、以上の国際統一ルールではそのような条項は無効とされる。

船荷証券は、海上物品運送の契約内容と運送品の船積み（受取り）を証し、運送契約書の役割を果たす。船荷証券はまた、到着港で船荷証券の呈示をしないと運送契約上の運送品の引渡

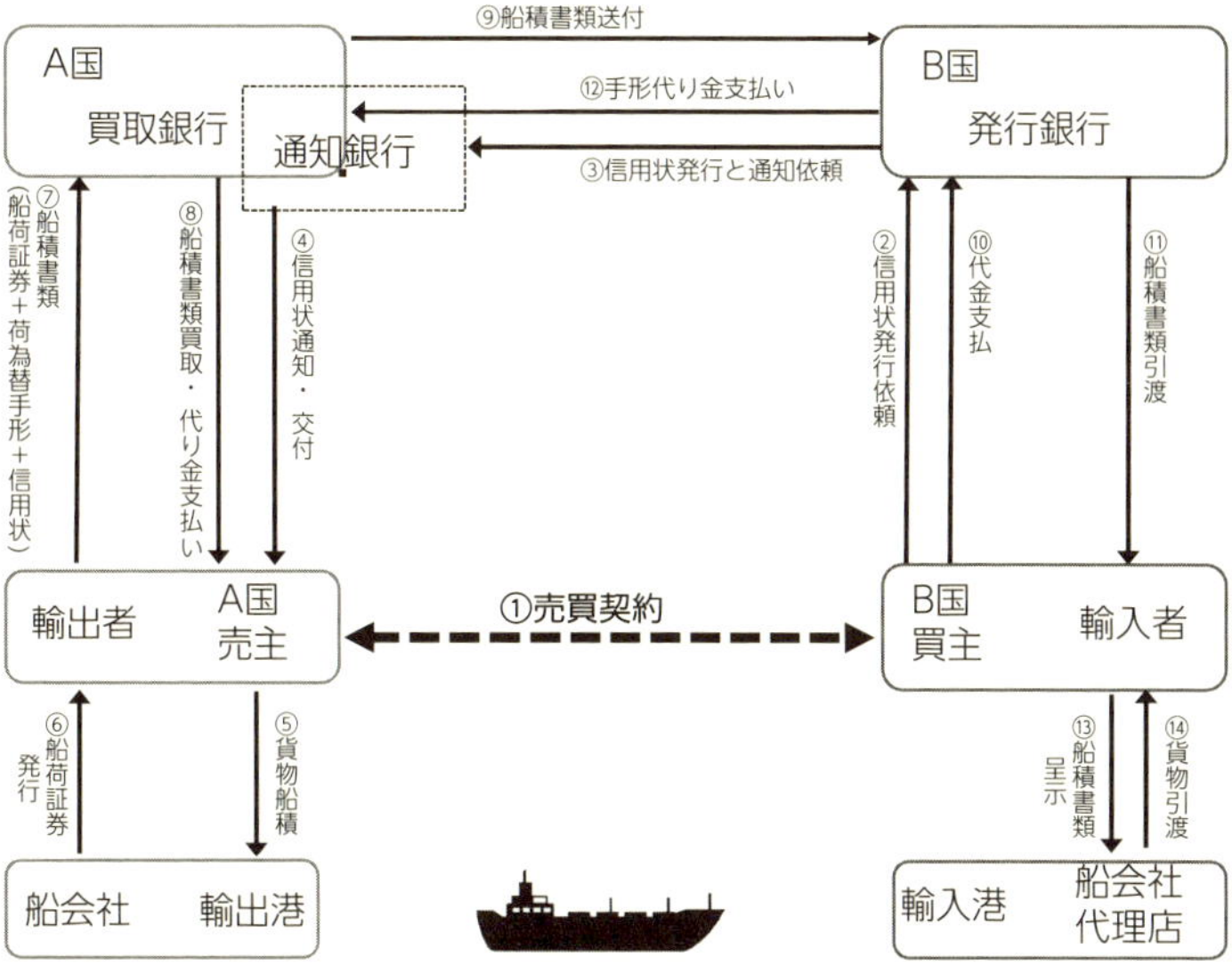

図12　信用状取引の流れ

を受けられないという一種の強制的な法的通用力を与えられた証券（有価証券）である。このため、銀行が船荷証券を押さえておけば他の者が運送品の引き渡しを受けることができないので、あたかも運送品自体を担保に取ったような経済的効果を有する。図12を例に説明しよう。

例6　図12のようなA国の売主は、⑤モノを船積みして（海上運送人に引き渡して）⑥船荷証券の発行を受け、後で述べる荷為替手形とセット（荷為替の「荷」とはモノの代わりになる船荷証券等の船積書類とセットで用いられることを意味する）にしてA国の銀行に買い取ってもらう（⑦⑧）ことによって、モノを手放すと同時にカネを入手できる。これに対応してB国の買主はB国の銀行に⑩商品の代金（カネ）を支払うとともに⑪船荷証券（⑨A国の銀行からB国の銀行に送られた）を入手し、B国の港で⑬海上運送人に船荷証券を呈示することによって、⑭モノを手に入れることができるのである。このように、船荷証券は、運送人と銀行を売主、買主のエージェントとして利用し、モノとカネの交換をコーディネートすることによって、本章第1節の冒頭に述べた遠方交易のリスクを減少させる制度の中心となっている。

以上の船荷証券統一条約は、船荷証券を利用した国際運送ルールの重要な部分を統一することで、国際輸送の円滑化と国際売買の促進に貢献してきたといえる。もっとも、この統一条約は船舶の利用を目的とする定期傭船契約や、海上運送状（船荷証券のような法的効力をもたない）を対象としていない。

国際海上運送の発達により、速度の速い船に積み込まれた荷物は銀行経由で送られてくる船荷証券より先に目的港に着いてしまう。ところが、目的港で船荷証券を呈示しないと荷物の請け戻しができないという強い効力のために、船荷証券を発行してもらうとかえって荷物を受け取れないという不便が生じるようになる。そこで、船荷証券のような強い効力はもたないが運送契約を証する契約書の機能を有する海上運送状が利用されるようになった。

海上運送状を利用する運送人や荷主らの権利義務を明確にするための国際ルールとして、海上運送状に関するCMI規則がある。CMI（万国海法会のフランス語の頭文字をとった略称）は、海事私法の分野における各国国内法統一を目的として一八九六年にオランダのアントワープで創設された国際的非政府組織（NGO）である。この国際ルールは条約ではなく、契約の当事者がこのルールに拘束されることを合意することによって契約の一部に取り入れられる、前述の援用可能統一規則の一種である。通常は海上運送状にCMI規則に従う旨の記載がある。

国際航空運送契約

航空機による国際的な運送契約に関する重要なルールは、条約によって国際的に統一されている。一九二九年のワルソー条約は、一方では揺籃期（複葉機の時代である）の航空運送人を貨物、手荷物の損傷と紛失および旅客の障害と死亡に起因する無制限の損害賠償責任から保護し、他方では事故があった場合に荷送人（荷主）および旅客が効果的な救済を受けられるようにすることを目的としていた。ワルソー条約は運送契約の必要記載事項や責任限度額と責任限度額が適用されない例外を定め、さらに条約ルールが強行的に適用されるべきことを定めた。

ワルソー条約は成功を収めたが、その後旅客のケガや死亡の場合に支払われる運送人の責任限度額の引き上げやコードシェア便の場合の実際の運送人の扱い、損害賠償額の表示通貨と為替変動の問題などに対応するために複数の条約が作成された。この結果、ルールを統一するための条約がかえって乱立して適用関係が複雑となった。以上の問題点を改善するために、一九九九年の国際航空運送についてのある規則の統一に関する条約（モントリオール条約）が作成され、日本も締約国となった。

モントリオール条約は、船荷証券統一条約と同様に契約の自由を制限する強行的なルールを定めており、二六条は「契約上の規定であって、運送人の責任を免除し又はこの条約に規定する責任の限度より低い額の責任の限度を定めるものは、無効とする」と規定している。

国際支払契約とルールの統一

図6の①のような国際的な売買契約を締結した買主は、売主に代金を支払う義務がある。日本のインターネットショッピングでもそうであるが、代金の支払い方法にはいくつかの種類がある。そのうち最も国際取引に特徴的な方法は、前掲図12のように、輸出側のA国にある売主の銀行と輸入側のB国にある買主の銀行のネットワークを利用して、前述した船荷証券と後述

する荷為替手形（モノ＝「荷」に代わる船荷証券と一緒に取引されるので「荷為替手形」と呼ばれる）および信用状をセット（まとめて⑦船積書類という）にして、売主の銀行に買い取ってもらう（⑧）方法である。

為替手形は、売主が買主に宛てて一定の金額を自己または手形の所持人に対して支払うように委託する証券である。手形の支払人（買主）がお金を支払わない（図12の⑩をしない）場合に、手形の振出人（売主）に請求できる権利（手形遡及権）がある。手形の所持人（銀行など）が有するこのような権利は日本の手形法でも認められている。なお、手形法は日本の国内取引だけを念頭においたルールではなく、もともと各国でバラバラであった手形法を統一するために一九三〇年にジュネーブで作成された実質法、国際私法および印紙税に関する三つの条約に基づいて立法されたもので、国際取引にも適用される。しかし、これらの条約には英米が参加していないため、統一法としては成功していない。

以上のような為替手形に船荷証券（荷物の引換証）というモノ＝荷の担保を加え、さらに買主の銀行が発行した支払いを確約する信用状（荷為替信用状とも呼ばれる）をセットにすると、売主にとって、銀行による「荷」為替手形の買い取り（図12の⑧）がさらに容易になるというメリットがある。

信用状は、買主（輸入者）の依頼（図12②）に基づき、輸入地の信用のある銀行が、売主（輸出者）のために（売主を受益者として）買主に代わって荷為替手形の支払い・引き受けを確約した書状であり、以上のように国際売買の支払い（決済）手続きにおいて重要な機能を営む。

例7　前掲図10の売買契約書の一般取引条件第2項は、買主は、売主のために契約価格の一〇〇％の支払を約する信用状を、売主が許容可能な銀行に許容可能な条件で開設させなければならないと規定している。同項はまた、売主は、以上の条件に合った信用状の開設がないと商品の船積義務を履行しないと定めている。売主は、図12の④で信用状の発行があったことを通知されると、⑤で船積義務を履行することになる。

荷為替信用状に関する統一規則および慣例（ＵＣＰ）（「信用状統一規則」）は、前述のインコタームズを作成した国際商業会議所（ＩＣＣ）が、一九三三年に、異なる国に所在する銀行や発行依頼人（買主）、受益者（売主）など多数の関係者が取引に関わる信用状について、国際的な取引慣行や商慣習を取りまとめたものである。信用状統一規則は、買主の信用状発行依頼書（図12②参照）と銀行の発行する信用状の中に、「この信用状は荷為替信用状に関する統一規則および慣例二〇〇七年版、ＩＣＣ出版番号№６００に従う」という記載をすることによって、信用状の一部となる。この結果、目の前の信用状に限らず、信用状を取り扱う関係者一般は、このような記載のある信用状には国境を越えて統一的なルールが適用されることを予測することが可能となる。紛争がどの国で生じたとしても、信用状関係者の権利義務は統一規則によって判断されることになる。もっとも、いまだ旧版（一九九三年版）が適用される信用状もあるが、これが明示されている限り、国際的にルールが異なることによる不都合は生じない。

国際取引促進効果

信用状統一規則は、本章第2節でみたインコタームズと同様、当事者の援用によって契約に取り入れられる援用可能統一規則である。このため、当事者が排除する意思を示さない限り適用される国連売買条約のデフォルトルール（任意規定）と比較すると、一般的な予想可能性は低い。また、援用可能統一規則は、当事者の意思で適用を排除できない船荷証券統一条約や国際運送に関するモントリオール条約のような当事者の合意を無効にするような強行性は有さない。したがって、あらゆる信用状関係者に同じルールが適用されることによるデフォルトの取引コストの削減は期待できないが、当事者の意思の明示をシグナルとして、取引や取引紛争に適用されるルールが予見できることにより、取引コストを削減し、結果として取引促進効果をもたらすといえる。

4　グローバルとローカルの相克と調和のダイナミズム

国際取引を促進するためのルールには、WTO協定やTPP協定のような自由な取引を促進するための枠組みルールと、取引の主体である個々の企業が取引によってどのような権利、義務を負うのかを決める取引ルールがある（本章第1節参照）。枠組みルールは参加する国家が相互に合意した統一的なルールであるが、取引ルールは基本的に各国がローカルに定めた法律であるから、内容がローカルであり国ごとに異なっている。

ローカルな取引ルールをグローバルに調和して国際取引を促進するためには、いくつかの方法がある。①国連売買条約のように、当事者が契約で決めきれなかった事項を補足し曖昧な契約条項を解釈するためのデフォルトルールを統一する方法。②海上運送に関する船荷証券統一条約や航空運送に関するモントリオール条約のように、当事者の情報や交渉力の格差を補ったり公正でない取引を禁止したりする強行的な統一ルールを作成する方法（ジュネーブ統一手形条約は、目的は異なるが強行的な統一ルールを目指す点では共通点がある)。③インコタームズや支払いに関する荷為替信用状統一規則あるいは海上運送状に関するCMI規則(本章第3節参照)のように、当事者の援用によって契約に取り入れることで実質的にルールを統一する方法。④有力な業界団体が制定した標準契約によって実質的にルールを統一する方法。このうち、④の標準契約がもたらす弊害が②の船荷証券統一条約の作成につながったことは、この方法による実質的統一の限界を表しているといえる。以上の他にも、⑤権威ある団体がモデル法を作成し、国家が自主的にモデル法に準拠した立法をすることによって、間接的に法の統一を実現する方法がある。前述した米国の統一商事法典は、立法権を有する各州の議会が所要の修正を加えて採択することによって、全米の商事法はほぼ統一されている。

なお、本章で取り上げなかった複雑な形態の国際取引についても、様々な統一の方法が試みられている。たとえば、国際的な融資で利用されることが多いシンジケートローン(複数の金融機関が協調して貸付人となり借入人との間で一つの契約書によって融資契約を締結する取引)では、英国や米国の業界団体がモデル契約書やモデル条項を作成することによって、契約条項の取引ごとの多様性を維持しつつ、重要な部分での調和が達成されるように工夫をしている。

以上のような統一方法に対して、⑥各国の異なった取引ルールのうちいずれを問題となる取引に適用するかを定める国際私法ルールを統一する方法は、間接的に国際取引を促進する。国際私法も各国が個別に定めているが、ＥＵがモノやサービスの自由移動を目的とする統一的市場を作る手段の一つとして統一的な国際私法ルールを作成したことは、国際私法の統一による国際取引の促進機能を裏づけるものといえる。

国際取引と法の発展のダイナミズム

本章では、国際取引の促進のためのグローバルなルールの統一について考察してきた。しかし、国家は、歴史的、文化的または経済的理由から、グローバルなルールの統一に参加しないことも多い。このため、国際取引を規律するルールの多くが国家ごとに異なるローカルルールにとどまっているのが現状である。ローカルな利益の保護が行き過ぎることの弊害は本章第1節でみたとおりであるが、ＥＵの通貨統一の困難さや国際取引に対する課税をめぐる各国の利害対立などからも、自由でグローバルな取引の利益とローカルな利益の調和もまた必要であることがわかる（ＷＴＯやＥＵの自由貿易の原則に対しても、加盟国のローカルな公序や公衆衛生を理由とする例外が認められている）。

各国の国際私法は、ＥＵのような統一化は進んでいないものの、本章第2節でみたように、国際取引に最も密接な（あるいは最も重要な）関係を有する国の法を適用するという原則を採用している。これは国際取引に自国法を適用してしまう方法に比べると、どこの国で裁判しても、同じ国際取引に同じ国のルールが適用される可能性（図7ではなく図8の可能性）を広げるものといえる。言い換えれば、ＥＵのような統一国際私法でなくても、各国の国際私法は、「ある国際取引にいずれの国の法が適用されるか」という問いを立てることによって、ある取引に密接に関係する他国のローカルな価値を尊重しようとしているのである。

国際法によって作られた自由な国際取引のための枠組みルールのなかで、様々な方法によって国際取引法ルールが統一されていく一方で、国際私法は、統一が困難な各国のローカルな価値を維持する機能を果たしている。さらに、最近では、各国が条約などのグローバルなルールや他国の立法の動向に自国の立法を自主的に調和させていくというダイナミズムもみられる。反対に、グローバルなルールの側で、進んだ国内立法を取り入れる場合もある。歴史的にみると、国家法も商人間の商慣習から大きな影響を受けている。日本の民法や商法は19世紀のドイツなどの進んだ立法の影響下で作られたが、ドイツの法律もまたドイツ各州の異なる法や慣習から影響を受けながら、これらを統一するために立法されたのである。契約法や取引法に関する最近の日本の民法や商法の改正も、以上のようなグローバルな相互作用的なダイナミズムのなかで行われているのである。

国際取引は、統一的な法的ルールを用いることによって、冒頭でみた一一世紀の地中海貿易の時代より飛躍的な発展を遂げた。国際取引法のルールは、それが国際的な合意による方法であろうと、国内法であろうと、企業や商人達による国境を越えた制度形成・維持の試みと相互に影響を与えながら、グローバルな経済活動を支え、促進しているのである。

第5章

エコラベルと国際通商
――持続可能な消費と生産を考える――

内記　香子

国際通商制度は、国家による規制と、それを規律するWTO（世界貿易機関）協定を中心に構成され、加えて近年は、EPA（経済連携協定）やTPP（環太平洋パートナーシップ）協定といった二国間・広域の通商条約が増加している。筆者が専門とする「国際経済法」・「国際通商法」の授業は、こうした国家間の通商条約のルールを中心に講義をしている。つまり国際通商とは、きわめて「国家」を中心とした学問なのである。

しかし実際に、通商や国際取引に携わっているのは「私人」や「企業」である。たとえば、海外の農産物の生産者、それを仕入れる取引業者や商社、それを販売する小売業者（スーパー）、そしてそれを購入する消費者がいる。どのような作物をどのような方法で生産するのか、どのような作物を仕入れ、販売するのか、さらに、どのような作物を購入するのかは、それぞれ当事者の価値観による。もちろん、価格は重要な判断基準であるが、今、「持続可能な消費と生産」という視点が重要になってきている。消費者は、どういったものを買って食べるのかについて、価格以外の基準をもつことができ、「持続可能性」を考慮した産品を選択して、買うこともできる。それが、サプライチェーン（生産現場から原料を調達し産品を製造して販売に至るまでのプロセス）に影響を与える。つまり、消費者が「持続可能性」に配慮した産品を好み、それを多く購入するようになれば、そうした作物の生産が国内で増え、さらに海外から輸入されることにもなる。つまり、消費者の選択は、遠い海外における生産現場や工場にも影響を与える可能性があるのだ。

農作物や製品がどのような方法で作られたのか、消費者に情報提供してくれるのがエコラベルである。本章では、持続可能性を知らせてくれるラベルにより、国際通商がどのように変わり得るのか、を考える。つまり、消費者、生産者あるいは企業の視点から、国際通商の世界をみてみようと思う。

1　サステナビリティとは？

これらのラベルが付いた製品を見たことがあるだろうか。

これらは、環境保全された森林から生産された木材や紙製品に対するFSC（Forest Stewardship Council）認証、生物多様性保全等の基準を充たした農園や林業に対するレインフォレスト・アライアンス認証、そして持続可能な漁業に関するMSC（Marine Stewardship Council：海洋管理協議会）認証のラベルである。FSCラベルは紙袋の底に付いているのを見たことがないだろうか。レインフォレスト・アライアンスのラベルは紅茶やコーヒー飲料に付いており、最近はコンビニでも目にすることが多くなった。MSCラベルはイオンのスーパーで、たとえば、辛子明太子の製品に見られる。

これらのラベルは、エコラベルと呼ばれる種類のもので、「持続可能性」を考慮しながら生産された産品に貼られて販売され、そうした産品の購入を消費者に促す役割をもっている。「サステナビリティ（sustainability）」、つまり「持続可能性」という概念を聞いたことがあるだろう。持続可能な発展、持続可能な社会、持続可能なビジネス等、多様な文脈で使われる。本章では、持続可能性を考慮しながら産品を生産し、そうした産品を、国境を越えて取引することを促進する取り込みについて考える。そうした産品がたくさん購入されるようになれば、生産者にも持続可能な産品を生産する動機が高まり、取引・小売業者もそうした産品を仕入れて流通・販売していくことに積極的になるだろう。こうした、原料の生産・調達から消費者が産品を購入するまでの一連の工程のことを「サプライチェーン（supply chain）」といい、そのサプライチェーンをいかに持続可能な視点で規律できるか、という問題を本章で扱う。

「サステナビリティ」の理解をまとめておこう。二〇一二年六月、「国連持続可能な開発会議」がブラジルのリオデジャネイロにおいて開催された。同じリオにおいて二〇年前の一九九二年に「国連環境開発会議（地球サミット）」が開催されており、それから二〇年後という意味で、「リオ＋20」とも呼ばれる会議である。その成果文書、「我々が望む未来（The Future We Want）」においては、「我々の地球と現在及び未来の世代のため、経済的、社会的、環境的に持続可能な未来を促進する」とされ、また「あらゆる側面で持続可能な開発を達成するためには、経済的、社会的、環境的側面を統合」する、とされている（UN Doc A/RES/66/288（2012））。つまり、持続可能性とは、経済・社会・環境の三つの側面を有するものと理解されている。持続可能性の定義や概念については、本章ではこれ以上は検討しないが、これを基本の理解とする。

他方、国際通商の世界では、戦後の国際通商の規律を担ってきたGATT（関税及び貿易に関する一般協定）の後継の制度として、一九九五年にWTOが成立した。WTOではとりわけ、国際裁判の役目を担う「WTO紛争解決手続」が作られたことが注目される。WTO紛争解決手続は、国家の通商紛争によく利用されていることから判決の数が多く、また国家によって判決の遵守もなされている。次節ではまず、このWTO紛争解決手続で扱われた、サステナビリティをめぐる紛争を紹介する。サステナビリティとWTOの接点としては、まず、WTOを設立する協定の前文において「持続可能性」という文言が登場する。すなわち、「経済開発の水準が異なるそれぞれの締約国のニーズ及び関心に沿って環境を保護し及び保全し並びにそのための手段を拡充することに努めつつ、持続可能な開発の目的に従って世界の資源を最も適当な形で利用する」とされている。WTOにおいても、エコラベルとの接点が具体的紛争となって現れてきているので、その背景と流れを次にみていく。

2　ツナ缶とイルカと国際通商の関係

水産物は、国際通商によって世界を幅広く流通している産品の一つである。新鮮な水産物は地元で流通して消費されるというのが一般的であるように感じるかもしれないが、日本のように水産業が盛んにみえる国でも、国内市場に出回っている食用魚介類の実に四〇％は輸入品である。本節では、国際通商とサステナビリティとの接点として、ツナ缶をめぐる通商紛争を紹介する。ツナ缶に使用されるマグロやカツオは、世界の水産物貿易において大きな割合を占めており、ツナ缶をめぐって通商紛争になる時代なのである。さて、ツナ缶とイルカはどのような関係にあって、「持続可能なツナ缶」とはどういう商品であろうか。

GATT時代のマグロ・イルカ事件

GATT時代のよく知られた通商紛争に、「米国・マグロ輸入規制事件」（GATT Panel Report, *U.S. - Tuna*, DS21/R, September 3, 1991）がある。いわゆる「マグロ・イルカ事件」である。

問題となったのは、米国が採用した次のような措置である。米国では、東部熱帯太平洋（ETP：Eastern Tropical Pacific Ocean）のマグロ漁において、イルカが混獲されて、傷つけられたり死んだりしていることが懸念され規制が導入されることとなった。これは、一九七二年制定の米国の連邦法―海洋哺乳類保護法（Marine Mammal Protection Act）―に起源をもつ。ETPにおいては、マグロとイルカが共に泳ぐという習慣がみられ、漁船がイルカを囲い込み、まき網をつかってマグロ漁をしていた。この漁法では、マグロを漁獲するときにイルカが傷つけられたり死んだりするので、イルカ保護の目的のため、米国は一九九〇年、そうした漁法を用いたマグロ及びマグロ製品の販売・流通・輸入を禁止する措置をとった。それによって、メキシコ漁船がとったマグロを米国市場に輸出できなくなり、メキシコが米国をGATT紛争解決手続に訴えるという通商紛争が起きたのである。

このとき、産品の「工程及び生産方法」（PPM：production processes and methods）に関する規制というものに注目が集まった。つまり、イルカを保護するような形で漁獲されたマグロとそうでないマグロを区別する規制とは、工程や生産方法に配慮した規制であり、そうした規制のGATT上の法律的な違法性だけでなく、その価値の是非についても議論がなされるようになった。

この米国の規制について、GATT紛争解決手続ではGATTに照らして違反という判断がなされた。詳細な国際経済法上の論点は判例評釈等を参考にしてほしいが、考え方としては、GATTは「工程及び生産方法」の違いが最終製品の性質に反映される限りにおいて考慮するが、産品の性質にまったく反映されていない場合は（つまり、イルカを保護するような形で漁獲された魚とそうでない魚は最終製品として違いはないので）一貫してこれを考慮しないというものであった。

さらに、その当時は「工程及び生産方法」を規制する措置の是非について、（米国国内は別として）否定的な見解のほうが大勢を占めていた。つまり、「工程及び生産方法」を規制する措置は米国のような先進国の価値の一方的な押し付けであり、途上国の輸出を妨げるという考え方である。マグロ・イルカ事件においても、訴えを起こしたのはメキシコであったが、実際は、ベネズエラ、バヌアツ、パナマ、エクアドルも、米国の措置により、マグロ輸出に影響を受けた。GATT紛争の判断においても、米国の措置が認容されるとすると、米国による「一方的なイルカの生命・健康の保護の政策」を、貿易相手国が受け入れなければならなくなってしまう、という懸念が指摘されていた。

継続するマグロ・イルカ事件――「ドルフィン・セーフ」ラベル

一九九〇年代のマグロ・イルカ事件から約二〇年を経た二〇一二年、WTO紛争解決手続において、同じ問題が形を変えて扱われることとなった。これが「米国・マグロラベリング事件」と呼ばれる紛争である（Appellate Body Report, *U.S. — Tuna II*, WT/DS381/AB/R, May 16, 2012）。問題となったのは、（これも一九九〇年から米国がとっていた措置であるが）イルカを傷つけたり殺傷したりする方法で漁獲していないマグロ製品――米国市場ではほとんどがツナ缶である――に、「ドルフィン・セーフ」ラベルを貼付することを認めるという、ラベリング措置であった。つまり、イルカを囲い込み、まき網をつかって漁をしたマグロ製品には、「ドルフィン・セーフ」ラベルを貼ることが認められない。「ドルフィン・セーフ」ラベルが貼られていないツナ缶等のマグロ製品も米国市場で販売することは可能であるが、ラベルが貼られていないツナ缶はほとんど売れないのが現状であった。

メキシコは、この「ドルフィン・セーフ」ラベルがメキシコの漁船が漁獲したマグロには使えないことを問題視して、WTO紛争解決手続に訴えを起こした。この事件では、二〇年前の事件とは異なって（GATTではなく）WTO諸協定の一つであるTBT協定（貿易の技術的障害に関する協定）が適用されたので、簡単に比較することはできないが、二〇年前に注目され

図１　米国政府のラベル

図２　地域的協定に基づいたラベル

図３　EII のラベル

た、「工程及び生産方法」に関する規制の是非や、米国の措置の一方的な性質についてはそれほど議論になっていない。結果として、米国のラベリング措置はＴＢＴ協定違反と判断されたが、問題とされたのは、ラベルを貼ることのできる産品が、実はイルカの保護が十分に確保されていないという点であり、つまるところ、ラベルが貼れない場合とラベルが貼れる場合に差別があるという判断であった。

現代は、こうしたラベルが氾濫している時代であり、この事件にも関連する複数のラベルが存在している。本件で問題になった「ドルフィン・セーフ」ラベルは、一九九〇年の米国連邦法に基づいた米国政府のラベリング措置である（図1）。ＷＴＯ紛争解決手続はＷＴＯ加盟国間の紛争を解決する制度なので、問題とされるのは政府のラベリング措置である。同時に、ＴＢＴ協定においてはもう一つ対象となる措置があり、それは国際基準といわれる措置である。つまり、国際的に合意されたラベリング措置もＴＢＴ協定の適用対象となる。実は本件でも、全米熱帯マグロ類委員会によって国際イルカ保存計画（International Dolphin Conservation Program）に関する協定が策定されており、米国とメキシコも共に締約国となっていた。その協定においても「ドルフィン・セーフ」ラベルが存在した（図2）。

さらに、ＷＴＯ紛争で対象となり得るこれらのラベルのほかに、イルカ保護についてはＮＧＯが策定した「ドルフィン・セーフ」ラベルが存在している。米国政府のラベルの基礎になったのは、実はEarth Island Institute（EII）というＮＧＯのプロジェクトであったという。米国政府のラベリング制度ができる前から、このＮＧＯはイルカ保護のために活動しており、その海洋哺乳類の保存プロジェクトに三大ツナ缶企業（StarKist, Bumblebee, and Chicken of the Sea）が賛同し、「ドルフィン・セーフ」のラベルを早くから広める活動をしていた（図3）。このＮＧＯによる「ドルフィン・セーフ」ラベルは、米国内の市場だけではなく、世界各地の市場で販売されているツナ缶にも使用されて、普及している。

他方、実際に米国や欧州のスーパーマーケットでツナ缶をみてみると、「ドルフィン・セーフ」ラベルではなく、ＭＳＣラベルが付いているもの、あるいは二つのラベルが付いているものをみかける（図4）。ＭＳＣとは、前述のとおり、広く

図４　ツナ缶に付いているラベル（ドルフィンセーフラベルとMSCラベルが付いている）（筆者撮影）

海洋環境への影響を考えた持続可能な漁業に対して認証を行うNGOである。このMSCのラベルの付いたツナ缶は、魚を集める集魚装置（FADs：Fish Aggregating Devices）を用いないで漁業をしたことを意味している（「PNA〔ナウル協定加盟国〕カツオ巻網漁、FAD以外でMSC取得」日刊水産経済新聞二〇一二年一月一二日）。まき網のFADs操業は、イルカや海亀の混獲のリスクが高いことが知られ、それもまたイルカ保護に反する漁業だとされる。そうだとすると、「ドルフィン・セーフ」ラベルと、MSCラベルのどちらが信頼できるラベルなのか、という疑問も出てくるのである

3　エコラベルの増加とその課題

前節でみたように国際通商に影響を与えるのは、国家によるラベリング措置だけではない。NGO・業界団体・企業などの私的アクターが作ったラベルも通商の世界で影響力をもっている。こうした私的アクターの力を、「私的権威（private authority）」と呼ぶこともあり、国際通商を含む国際関係全体において、私的権威が台頭しているとされている。

そうした研究は「グローバル・ガバナンス」の一つの形態としての「プライベート・ガバナンス」研究として、法律の分野よりも国際関係論（ＩＲ）の分野で発展してきた。すなわち、「グローバル・ガバナンスの形態は大きく変わろうとしている。国際レジームに基づくパブリック・ガバナンスは今なお発展し続けているが、その参加主体は、もはや各国政府に限定されてはいない。企業やＮＧＯといった非政府組織の影響力がかつてないほど大きくなっている」として、プライベート・ガバナンスの拡大が説明される（山田、二〇〇九年）。その理由は二つ指摘されており、まず、政府主体の「国際レジームを通じた問題解決への期待を失ったＮＧＯは、企業とパートナーシップを組んで」プライベート・ガバナンスを構築することを考えたと説明され、また企業側も「公的権力による規制ないしＮＧＯによる事実上の規制（需要の消滅）を回避するため」あるいは「企業のイメージ…名声やブランド価値のため」に、プライベート・ガバナンスに参加している、と説明される（阪口、二〇一三年）。この説明は、上述のイルカ保護をめぐる、ＮＧＯによるラベル普及の活動とツナ缶企業の賛同の事例にも、ある程度、当てはまるものである。現代は、「企業の社会的責任」（ＣＳＲ：Corporate Social Responsibility）の文脈で、企業も積極的にプライベート・ガバナンスに参加する時代である。冒頭で紹介したように、エコラベルを商品に貼付して、持続可能性をアピールして販売する企業も増えている。

もう少し詳しくみていくと、サステナビリティの分野におけるプライベート・ガバナンスは、次のような形態になっている。まずNGO・業界団体・企業などの私的アクターが、イルカ保護、森林保護、あるいは生物多様性保全といったサステナビリティに関する基準（これをスタンダードという）を策定する。そのサステナビリティ・スタンダードの実施と遵守確認のために、「認証（certification）」制度が作られる。信頼できるシステムでは、認証を受けたい申請者に対して、（スタンダードを策定したNGO・業界団体・企業ではない）第三者が認証を与える仕組みが作られている。無事に認証が得られると、それに基づいたエコラベルの仕組みが存在することもある（すべての仕組みにラベルが存在するわけではない）。たとえば前述のイルカ保護の場合には、イルカ保護のための漁業の方法についてスタンダードが作られて、そのスタンダードを遵守しているという認証を得たツナ缶には「ドルフィン・セーフ」のエコラベルを貼ることが認められる、ということになる。サステナビリティ・スタンダードとエコラベルによる仕組みは、認証を得られる産品とそうでない産品を市場で区別して、認証を得た産品が販売・購入されることを促進するためのものである。つまりエコラベルは、消費者にこの商品はサステナビリティを考慮したものであるという肯定的な情報を提供する役割をもつ。

しかし、サステナビリティ・スタンダードとエコラベルの仕組みにも問題がないわけではない。前述のように、ツナ缶に「ドルフィン・セーフ」とMSCのラベルが付いていたりすると、消費者は実はラベルの区別ができておらず「混乱」している、という問題が指摘されている。

こうした状況は、「ラベルのジャングル」とも呼ばれるが、実際に商品を購入するときに、ラベルの趣旨を正確に理解しようとする消費者がどれだけいるだろうか。また実際、イルカ保護に関して、「ドルフィン・セーフ」とMSCのラベルはスタンダードが異なっており、二つのNGOが策定したスタンダードの「不一致」や「矛盾」という問題もある。さらにそのようななか、仮に生産者が、異なる小売業者からそれぞれ「ドルフィン・セーフ」とMSCのラベルの認証を得ることを要求された場合（すなわち、認証をとらなければスーパーでは取り扱わない、と言われた場合）、生産者は二つの認証を取得するための「コスト」を負うことになってしまう。認証を得るための申請には料金がかかるのがふつうであり（それがNGO等、認証制度を作った団体の収入になる）、また認証を維持するためには何年かに一度、認証の更新を受けることが求められる。

4　東京二〇二〇オリンピック・パラリンピック大会とサステナビリティ

米国、欧州あるいはラテンアメリカの地域で、食品や化粧品等を手に取ると、実に様々なラベルが付けられていて、「ラベルのジャングル」という状況があてはまる。他方、日本の市場はどうだろうか。あなたは商品を購入するときにラベルをみているだろうか。また、そもそも日本の市場で流通している商品に、「ラベルのジャングル」という状況が存在しているだろうか。

捕鯨やイルカ漁の問題で海外のNGOから批判を受けている日本からすると、何十年も前からイルカ保護に取り組み、ツナ缶のほとんどに「ドルフィン・セーフ」ラベルが付いているという米国の市場は、まったく異なる状況に映るだろう。何を売って何を買うかは、価値観の問題なのだ。しかし、価値観の違いだと言い切ることはできないくらい、サステナビリティの波は押し寄せてきている。

日本ではツナ缶ではなく刺身として多く消費されているマグロ、そのマグロの資源としての持続可能性が長らく問題となっている。日本は世界で漁獲されるマグロを最も消費している国であるが、そのマグロが食べられなくなるという話題は一〇年くらい前から出ている。ミナミマグロ、メバチマグロ、そしてクロマグロの漁獲量をめぐってどのような国際的規制をすべきか、国際社会で議論が続いている（児矢野、二〇一五年）。

水産物の持続可能性について日本も、二〇二〇年の東京オリンピック・パラリンピック大会に向けて、具体的に考えなければならない時期にきている。二〇一二年に開催されたロンドン・オリンピックでは次のような取り組みがされたという。すなわち、「『持続可能性』重視を打ち出したロンドン大会で、五輪史上初めて食品に特化した原料調達基準を導入した。競技会場や選手村、報道センターなどで提供される天然水産物は、『海のエコラベル』と呼ばれる海洋管理協議会（ＭＳＣ）などの認証を受けた漁業で取れたものに限られた。（「東京五輪　選手村　魚料理出せる？　資源保護型の食材主流」東京読売新聞二〇一四年八月一二日夕刊）。」それでは、二〇二〇年開催の東京オリンピック・パラリンピック大会で同じように持続可能性の認証を受けた食材を提供することができるかと、あなたは考えたことはあるだろうか（なお、東京二〇二〇オリンピック・パラリンピック競技大会の公式ウェブサイトに、農産物・畜産物・水産物の調達基準に関する情報が公開されている）。オリンピック・パラリンピック大会の開催も、サステナビリティと無縁ではない時代なのである（「農産品輸出一兆円へ壁　安全認証世界に後れ　東京五輪の食材調達懸念」日本経済新聞二〇一七年八月六日朝刊）。

冒頭で紹介した、国連におけるサステナビリティの動きをもう一度みてみると、二〇一五年九月、「国連持続可能な開発サミット」において「持続可能な開発目標（ＳＤＧｓ）」が採択され、一七の目標が公表された。そのなかで、たとえば目標一二は「責任ある消費と生産の確保」を掲げている。認証制度やエコラベルを活用して、どのように持続可能な消費と生産パターンの確保をしていくことができるか、生産者、企業、消費者が共に考える時にきている。さらに、そうした国際社会の大きな流れを受けて、近年、機関投資家による「ＥＳＧ投資」が話題になっている。すなわち、E (Environment) =環境、S (Social) =社会、G (Governance) =企業統治の三つの観点から投資先を判断することであるが、投資家によるそうした選別の視点を受けて、企業側もESG経営に努めるような流れが生じている。企業のESG経営には、もちろん、SDGsの目標達成に向けた経営戦略が関係してくることになる(「環境・社会配慮の投資企業は変わるか」朝日新聞二〇一七年一一月一九日朝刊)。もはやサステナビリティを考慮しない企業経営はありえない、そうした時代に日本も突入したのである。

通商は単なるビジネスではない、あなたの価値観の問題

米国のカリフォルニア州モントレー市にあるモントレー湾水族館は、全米で最も人気のある水族館であるが、魚介類の獲りすぎを警告し、持続可能な消費を啓蒙するために、シーフード・ウォッチという保護プログラムを展開している(図5)。食用の魚介類を、信号にたとえて、赤("Avoid")、黄("Good Alternatives")、緑("Best Choice")に分類して表示し、消費者が食べたり購入したりする魚介類の持続可能性について情報提供している(「マグロは滅びるのか 赤、黄、緑で知る持続可能性」朝日新聞二〇一五年五月三日朝刊)。たとえば、米国でも人気の寿司につ

図 5　MSC とシーフード・ウォッチの表示のある魚売り場（上）
　　　シーフード・ウォッチの信号にたとえた分類表示のある魚売り場（下）
（2015 年 3 月 13 日　米国シアトルのスーパーマーケットにて筆者撮影）

いて、寿司ネタとして消費するのを避けるべき魚介類がわかるようになっており、クロマグロ、ハマチ、ビンナガ等が挙げられている。最新の情報が得られるように、スマートフォン用のアプリまで作られており、消費者に活用されている。

米国では水族館主導にこのような取り組みがある一方で、日本ではどうだろうか。前述のとおり、マグロをはじめとして水産資源の保存は現代の国際社会の課題となっている。水産資源の持続可能性のためには、国が漁獲規制をするとか、国家間で漁獲高の規制に合意することが基本的なアプローチである。しかし、消費者も、水産資源の持続可能性に貢献することができる。前述のとおり、日本の食用魚介類の約四割が輸入品である。シーフード・ウォッチが開発したようなアプリを使えば、輸入された水産物も、世界のどの海で持続可能性に配慮されて漁獲されたものなのかどうか、知ることができる。サステナビリティの価値観は、社会、文化、あるいは自然環境によって形成されるものなので、国や地域、さらには年代によって異なるものであろう。しかし、価値観を決めるのは自分。サステナビリティについて、自分自身が何かできるか、考えてみよう。

参考文献

Monterey Bay Aquarium Seafood Watch, "Seafood Recommendations, Sushi," <http://www.seafoodwatch.org/

seafood-recommendations/sushi〉（二〇一七年一二月一日アクセス）
Yoshiko Naiki and Isao Sakaguchi, "Sustainability, Certification Programs, and the Legacy of the Tokyo 2020 Olympics" in *Consumers' Perceptions of Food Attributes* (S. Matsumoto & T. Otsuki eds.) (forthcoming, CRC 2018)
経済産業省「コラム　ＷＴＯ紛争解決手続における履行確保の実態・原因分析」『平成二七年度不公正貿易報告書』。
児矢野マリ（二〇一五）「刺身マグロ、鰻丼、カニが食べられなくなる⁉―漁業問題から国際法の世界を知る」『法学セミナー』七二五号。
阪口功（二〇一三）「市民社会　プライベート・ソーシャル・レジームにおけるＮＧＯと企業の協働」大矢根聡編『コンストラクティヴィズムの国際関係論』有斐閣。
水産庁「第2章　平成二七年度以降の我が国水産の動向　第3節　我が国の水産物の需給・消費をめぐる動き」『平成二八年度水産白書』。
東京２０２０オリンピック・パラリンピック競技大会の公式ウェブサイト「大会について　持続可能性」、〈https://tokyo2020.jp/jp/games/sustainability/〉（二〇一七年一二月一日アクセス）
内記香子（二〇一六）「国際通商体制における規範の多層化―プライベート・スタンダードの拡大とガバナンスのあり方」『国際経済法学会年報』二五号。
山田高敬（二〇〇九）「公共空間におけるプライベート・ガバナンスの可能性―多様化する国際秩序形成」『国際問題』五八六号。

第6章

法の支配を通じた持続可能な発展
――米墨関係におけるコロラド川の水紛争からの展望――

松本　充郎

現在、東アジアの国際関係は、様々な変動要因を抱えており、日々緊張感が高まっている。その変動の中心には、北朝鮮・中国・米国・ロシアがいる。このうち、中国は、野心的な対外政策に加えて、国内に経済成長や成長の鈍化、軍事的な膨張、人口政策によって実現した少子化高齢化、環境汚染、民族対立などの様々な変動要因を抱えており、注目される。

近年、東アジアおよび東南アジア地域において、東南アジアの国際河川であるメコン川流域の衡平かつ持続可能な利用や北東アジアの越境的な大気汚染の緩和が課題となっている。後述するように、これらの課題を解決するためには、「法の支配」を段階的に実現することが必要である。特に、メコン川流域については、中国・ミャンマーが上流に位置し、メコン川委員会加盟国（ラオス・カンボディア・タイ・ヴェトナム）が下流に位置している。上流国は水の流れを物理的に支配することができるから、たとえば、上流国・中流国のダム建設やダム建設後の環境影響緩和策が不十分であることに対して、下流国が協議を申し入れても、上流国が耳を貸さない場合には、問題解決は困難である。

メコン川流域の比較対象には、様々な可能性があろう。米国とメキシコは、リオグランデとコロラド川という二本の長大な国際河川を共同で利用・管理している。両国は、もともと法的な価値観を一定程度共有しているものの、経済的な水準には相当差異があり、文化も異なる。また、米国とメキシコの関係（以下「米墨関係」という）は、一九世紀中盤の戦争を通じてメキシコの領土が米国に割譲されたことにみられるように、常に友好的な関係ではない。そして、西経一一〇度線以西は乾燥地帯であり、水資源をめぐる緊張は、将来にわたって気候変動等により高まることはあっても簡単に緩和されることはない。しかし、一九四四年には、厳しい外交交渉を経て米墨国境水及び国境線に関する条約を締結し、米墨間の水配分を決定した。また、二〇一二年には同条約に基づく合意（覚書三一九号と呼ばれる）において、米国がメキシコに対して相互的な水融通を条件付きで認め、生態系を修復することが約束され、着実に実施されつつある。そして、米国の外交交渉において、両国のNon-Governmental Organizations（非政府組織、以下「NGO」という）が重要な役割を果たしている。

米墨関係において、合意が地道に積み上げられた背景には、この地域に固有の法の支配の構想と実践がある。具体的には、一九三五年のGeneral Treaty of Inter-American Arbitration（以下「仲裁裁判条約」という）発効後、両国は仲裁裁判の強制管轄を受諾し、訴訟に至った場合の判決をある程度予測し、予測される判決とは異なる解決を志向する場合、通常の外交交渉によって合意を積み上げるという営みが実践されてきた。理想的な状態において、この地域における法の支配の実践は、仲裁裁判のみによる紛争解決を意味せず、常に訴訟の圧力や予測される判決を念頭に置きつつ、判決よりも当事者にとって好ましい条約等を平和的な交渉を通じて形成し、当事者以外にとっても正当化可能な法秩序を形成する営みである。

以下では、まず、持続可能な発展に向けた秩序構想と法の支配の関係について、本章の立場を述べる。次に、米墨間の水をめぐる交渉経過や現実を、一九四四年条約の交渉過程・二〇一二年の覚書を中心に検討する。最後に、持続可能な発展の実現手段としての法の支配の段階的実現に必要な構成要素と東アジア・東南アジアの国際秩序への示唆を考察する。

1　持続可能な発展に向けた秩序構想と法の支配

本題である「法の支配を通じた持続可能な発展」という課題に入る前に、本節では、まず、水を巡る国際関係における法の支配の必要性について検討し、次に、持続可能な発展の概念について検討する。

持続可能な発展の前提としてのグローバルな秩序構想

まず、国家間の関係において正義は存在するのだろうか。たとえば、欲しいと思えばすべての財やサービスが与えられる世界では分配の正義を論ずる意味がない。しかし、現実の世界には、人々の欲求や必要性を満たす資源は存在しない。このような情況は、「資源の相対的希少性」と呼ばれる。もちろん、論理的には、相対的希少性を免れた世界は存在しうる。ところが、人々の欲求や必要性を満たす財やサービスの供給能力は向上するが、それに伴って人々の欲求や必要性もさらに高まる。上記のようなバランスが偶然だが定常的に継続するという状況が現実に続いており、まさにこのような状況においてのみ分配の正義を論ずる意味がある。このような、人間の生の事実によって存在する状況は正義の情況と呼ばれ、資源の相対的希少性以外の主な具体例としては、限定的利他性と能力の近似的平等がある。

第一に、限定的利他性とは、利他性が皆無ではないが、限定的にしか期待できないという意味である。天使だけの世界において正義の義務を論ずる意味はなく、逆に、悪魔だけの世界では正義の義務を課すことは不可能である。現実の人間は、天使と悪魔の間の限定的な利他性がある。他者が不正な利得を求めて正義に適った秩序を乱す場合にまで自分は正義のルールを守るほどお人好しではないが、他者が正義に適った秩序を守る保証がある場合には自分も秩序維持に協力するという程度の利他性であり、条件付きの自発的協力姿勢を意味する。このような関係が国家間において成り立つかどうかであるが、確かに、国家は自国民のために国益を追及するから、譲歩が難しい場合がある。しかし、国家が自国民保護の責任を負う以上、他の国家が自国民保護を行える限度でしか、国益追及は行えない。

第二に、能力の近似的平等とは、個人の能力はまったく同じではないが、通常であれば最強の能力をもつ者が、最弱者によって寝首を掻かれる可能性が皆無ではないという状況を指す。国家間において、超大国と弱小国の力の差は特に大きく、個人間のような能力の近似性はないとの見解もあろう。しかし、米国がヴェトナム戦争において敗退したように、国家間の短期的な能力の差は歴然としているが、長期的にみると力の差は相対的である。

水をめぐる国家間関係において、正義の情況のうち最も克服が困難なのは、国家間および世代間の能力の近似的平等である。上流国は下流国に対して、現存世代は将来世代に対して決定的に優位に立つが、これらの条件をどのようにして乗り越えるかが下流国にとって最大の課題となる。

次に、国際的な秩序には（正義の内容は論争的だが）正義の秩序と不正な秩序があり、正義の秩序を実現するためには国際法および国内法上の制度設計がきわめて重要である。伝統的な考え方において、国際的な法秩序における法主体は国家であり、国際法の役割は国家間の関係を規律することであった。現在でも、無国籍者や専制化した母国の庇護を受けられない難民を想起すれば、国家が国際的な秩序形成の中核をなすことは疑いを入れない。同時に、国内の秩序だけではなく国際的な秩序においても、（国際組織や民族等に加えて）市場やＮＧＯの役割は重要性を増しているが、国家の法的地位と市場やＮＧＯのそれは、質的に同じではない。その理由は、国家は、一定の領域を実効支配していることおよび領域内の個人の保護や領土保全の責任を負うことを必要十分条件として、国内的にも国家間の関係においても特別な地位―主権―を与えられているからである。国家においては、個人を保護するため、統治機構―議会制民主主義および権力の分立と均衡―が確立され、責任の体系が相対的に明確化されているのに対して、市場やＮＧＯについては責任の体系が必ずしも明確ではない。

個人の保護に人権保障（特に政治的自由）を含めるか、統治機構を支える法律レベルの制度として情報公開制度および個人情報保護制度・行政手続制度・行政争訟制度等まで含めるかは、非常に論争的である。しかし、真摯な正義構想の追究者を公平に扱う国家のみが対内的・対外的に正統性をもち、国家以外のアクターとは質的に異なる法的特権を享受できると考えるべきである。これに対して、国家以外のアクターは、個人の多様な正義構想を先鋭化・可視化させることにより、現実の国家のあり方を強く揺り動かし、国家の機能を変容させ限界を補完する役割を担うものと位置づけるべきである。そして、国家的秩序の全体像を規律するためには、条約や法律上の制度に加えて、裁判を含めた紛争解決制度が必要である。

主権国家体制における持続可能な発展の法的位置づけ

まず、国家は、その支配する領域において自由に主権を行使することができるが、しばしば、領域の使用により他国が影響を受ける。論理的には、国家は他国に影響を与える場合でも主権を無制限に行使できるという考え方（絶対領域主権論）と、国家はその主権行使に際して他国にまったく影響を与えてはならないという考え方（絶対的領土保全論）が両極端にある。現在広く受け入れられているのは、これらの中間的な考え方である。すなわち、国家は主権に基づいて領域使用による便益を享受する権利をもつ代わりに、正当な理由なく他国の領域に悪影響を与えない義務を負うとの考え方（制限主権論または重大危害防止原則。国内法でいう相隣関係）と、流域の沿岸国が集団として共同で利益を享受するために、平等な権利を保有すべきであるとの考え方（利益共同論）である。そして、国際水路条約にいう衡平利用原則（五条）は、制限主権論または利益共同論の一類型とされ、重大危害防止原則（七条）と並ぶ二大原則と位置づけられる。

次に、持続可能な発展（Sustainable Development）は、一九八七年のブルントラント報告書によって「将来世代が自身の必要性を満たす能力を犠牲にすることなく現存世代の必要性を満たす発展」として、広く知られるようになった。また、一九九二年のリオ宣言の第三原則において「発展の権利は、現在及び将来の世代の開発及び環境上の必要性を衡平に充たすことができるよう行使されなければならない」とされている。持続可能な発展は、世代内および世代間の衡平性を犠牲にすることなく発展する権利として理解されているといえよう。

また、イーディス・ワイスは、世代間衡平を実現するための法的課題として、国家間における世代間の正義に関する議論として、時際法原則が慣習法に存在することを指摘する。

パルマス島事件において、米国とオランダの間で太平洋上の小島であるパルマス島について領有権争いが生じた。常設仲裁裁判所いわく、スペインが発見により同島を先占により領有し、米国がスペインから適法に承継していたとしても、その後、オランダが実効支配を行っている。実効支配なしには、領域および領域内の人民を保護する義務を果たしえない。これらの事実から、同島はオランダの領域の一部であるとした（Island of Palmas Case（or Miangas), United States v Netherlands, Award,（1928）II RIAA 829, ICGJ 392（PCA 1928), 4th April 1928, Permanent Court of Arbitration [PCA]）。

パルマス島判決は、二つの時際法原則を示している。「第一の要素は、行為はそれがなされたときの法に照らして判断されるべきであるということ、第二の要素はたとえ有効な方法で獲得された権利であっても、それが国際法の変化と合致した方法で維持されなければ消滅する可能性がある」。世代間衡平の理念は、この考え方を過去から現在だけではなく将来に向かって延長することを試みるものである。この判決は、領域を保護する義務を果たす条件として実効支配を挙げるとともに、時際法原則を取り込んでおり、注目される。

さらに、国際法協会（ＩＬＣ）のニューデリー宣言は、持続可能な発展の概念を次のように総括する。

第一に、「天然資源の持続可能な利用を確保する国家の責務」として、国家は、領域使用の管理責任から生ずる自国の管轄外の環境を保護する義務を負う。また、国家は、自国の管轄に属する天然資源の再生産能力の範囲内での持続的な利用を行う義務を負う。国家および市民社会は、資源の浪費的利用を控え、廃棄物を減少させる義務を負う。さらに、人類共通の関心事として気候・生態系・動植物を保全・保護する等の義務を負い、国際公域の資源は人類の共通遺産であることを確認する。

第二に、「衡平の原則及び貧困の除去」は、持続可能な発展の実現にとって最も重要である。世代間衡平（将来世代は人類共通の遺産に対して公正な水準のアクセス権を有する）と世代内衡平（地球上の天然資源に対して現存世代が有する権原へのすべての人民の公正なアクセス権）の両方を含む。現存世代は、地球上の天然資源を利用する権利をもつが、将来世代の便益のため、活動の長期的影響を考慮し、資源基盤と地球環境を確保する義務を伴う。発展の権利は、現存世代および将来世代の発展上および環境上の必要性を充足するよう持続的かつ衡平な方法で実現されなければならない。国家は貧困克服のために協力する義務を負う。

第三に、「人権ならびに社会上、経済上および環境上の目的に関する統合および相互依存の原則」は、持続可能な発展に関連する国際法原理および規則の社会・経済・金融・環境・人権の諸側面の相互依存関係および現在と将来の必要性の相互依存関係を反映する。すべてのレベルの統治は、統合の原則を反映すべきであり、持続可能な発展の実現に必要不可欠である。

第四に、「公衆の参加の原則ならびに情報及び司法へのアクセス」について、公衆参加は、責任ある透明な政府の条件であると同時に、市民社会の組織の積極的参加の条件でもあり、持続可能な発展と良き統治を実現するために必要不可欠である。また、政府は意見を形成・表現・受信・伝達するための人権保障を義務づけられる（政府等が保有する情報へのアクセスはここに含まれる）。さらに、持続可能な発展の文脈において、人民に能力を付与するためには、国家における実効的な司法手続および行政手続へのアクセスが不可欠である。このような意思決定への参加は、リオ宣言第一〇原則やオーフス条約において、情報へのアクセス権・意思決定への参加権・司法へのアクセス権という三つの構成要素として具体化されている。

では、持続可能な発展という新たな原則は、既存の条約や法令を解釈する際、どのように組み込むべきなのだろうか。

以前は、先進国も途上国も経済成長一辺倒であったが、近年、国によって諸価値の重みづけや衡量の方法には差異があるものの、先進国も途上国も一般論としては、経済・社会・環境（・金融）の統合を主張するようになった。しかし、過去に締結・制定された条約・法令において環境配慮が義務づけられていない場合には、条約・法令の解釈において環境配慮を読み込めるかどうかが問題となる。ガブチコヴォ・ナジュマロシュ事業判決（Gabčíkovo-Nagymaros

Project [Hungary/Slovakia] (Judgement) [1997] ICJ Rep 7) は、大要次のように述べた。すなわち、一九七七年条約には環境配慮条項はない。しかし、科学の進展により現在および将来の世代への脅威が明らかになり、新たな規範が生成しており、既存の事業にも新たな脅威を考慮し新たな規範を適用しなければならない。このような考え方は、持続可能な発展という概念において表現されている (para.140)。時際法的判断から環境配慮を統合することを肯定し、その後、持続可能な発展は、衡平利用原則および統合原則を含む概念として用いられるようになっている。

さて、米墨間では、一九世紀末には、米国がメキシコとの水利配分に関する交渉において、一時、ハーモン原則(領域主権絶対の原則)を宣言するなど、歴史的には緊張関係が根強く存在する(後述)。しかし、一九四四年条約の成立後は、NGOの働きかけと仲裁裁判の圧力も借りつつ、国際国境および水委員会(後述)という国際流域委員会を設置し、塩害への対応および生態系保全、地表水および地下水の統合的管理等について、条約解釈をはじめとする国家実行を変化させている。そこで、以下では、衡平利用の概念にも注目しつつ、米墨一九四四年水条約の成立過程とコロラド川における水紛争と政策形成過程を検討し、残された課題を探る。

2 コロラド川の米墨間水利紛争における法の支配と持続可能性

一九四四年条約まで

米墨間の国際水域の利用に関するルールは、どのように形成されたのだろうか。一八四六年には、米国はメキシコに戦争を仕掛け、一八四八年には、グアダルペ・イダルゴ条約が締結され、戦争が終結した。この条約において、米墨の国境線のうちテキサスとメキシコの境界線はリオグランデとされ、現在のカリフォルニア・アリゾナ・ニューメキシコ・テキサス・コロラド・ネバダ・ユタが米国領に編入された。米国の領土は二倍以上に拡大し、メキシコの領土は半分以下となった。また、一八五三年に締結されたガズデン条約に基づき、ガズデン購入が行われ、ニューメキシコとアリゾナの南端の国境線を一八四八年のそれより南に押し広げ、米国は大陸横断鉄道の南回りルートの用地を確保した（現在の米墨国境である）。

境界確定後、境界を形成する河川の沿岸において徐々に農業が盛んになるにつれて、流路が変わった場合に、どちらの領土になるのかが問題となった。一八八二年には境界の再画定のための暫定的な委員会が設立され、一八八四年の会議において、調査に関わってきた両国の当事者は、国際境界委員会（ＩＢＣ）と名づけられ、一八八九年の会議においてＩＢＣが再度創設され、恒常的な組織とされた。そして、一八九五年一〇月二〇日には、司法長官のジュドソン・ハーモンが、マーシャル裁判官の手による判決を引用しつつ、いわゆるハーモン原則を明らかにした。

国際法の基本原理は、各国家領域における他のすべての国家に対する絶対的主権である。主権の一要素である司法の管轄権に関連して主権の性格と範囲について、マーシャル主席裁判官は、次のように述べている（Schooner Exhange v. McFaddon, 7 Cranch [U.C. Supreme Court Reports] p. [115 at] 136, [(1812)]）。

自国の領域内における国家の管轄権は必然的に排他的かつ絶対的である。国家は自身によって課されていないいかなる制限にも服さない。国家の管轄権に対して行われる外部からの有効な制限は、その制限の程度まで主権を減少させ、そのような制限を課す権力に主権を一定程度まで委ねることを意味する。……国家領域内における当該国家の完全な権力に対する全ての例外は、当該国家の同意にさかのぼれなければならない。全ての例外について、当該国家の同意の他に正統な淵源はない。

しかし、この主張は、論理的には額面通りに受け止められない。リオグランデの事実関係に鑑みると、シウダード・ファアレスの生存のために河川の流水を必要としているのはメキシコであり、国境線からいきなり水を流して航行可能にすることはできない。また、その後の米国政府の実行においてハーモン原則が踏襲されているわけでもない。さらに、正義の情況の成立条件の一つである限定的利他性を掘り崩すものである。

次に、コロラド川の利用をめぐる国内的なルールはどのように形成され、現在、どのような内容をもつのだろうか。一九二〇年代には、コロラド川の流量は、年平均一六・四MAFと信じられていたが、近年の研究では一四・三MAF程度といわれ、西部の経済が発展するにつれて水不足が深刻化している（百万エーカーフィート［MAF］は1,233,481,837.5㎥である）。

連邦議会は、合衆国憲法第一章第一〇節第三項に基づき、一九二一年には、コロラド川の七つの沿岸州に対して州際協約の交渉権限を授権し、一九二二年には、コロラド川協約（協約）が成立した。次に、第一章第八節第三項に基づき、一九二八年には、連邦法であるボルダー渓谷事業法（事業法）を制定した。協約三条は、上流四州（ワイオミング、コロラド、ユタ、ニューメキシコ）に七・五MAF、下流三州（ネバダ、アリゾナ、カリフォルニア）に七・五MAFを配分したとされている。また、事業法は、カリフォルニアに四・四MAFおよび「余剰」の二分の一・アリゾナに二・八MAF・ネバダに〇・三MAFを配分することを提案し（四条ⓐ）、これらの三州に交渉を促した。そして、ボルダー渓谷事業法成立前には、一九〇二年連邦開墾法に基づき、連邦利水事業であっても州法が全ての水利配分を規律していた。しかし、同事業法は、「何人も［連邦内務長官と契約を締結しない限り］いかなる目的で利用する水もその権利も取得することができない」（五条）とし、内務長官に「余剰」の給水契約の締結権限を授権した（一〇条。「余剰」の運用については後述）。さらに、フーバーダムの建設と発電・オールアメリカン導水路（AAC）の建設を連邦政府に授権した（九条）。なお、コロラド川におけるメキシコの水利権の有無について、協約三条(c)および事業法二〇条は慎重に言及を避けている。

　ボルダー渓谷事業法は、カリフォルニアを含む六州の批准とカリフォルニアによる水利用を四・四MAF以下に抑制することを発効要件としており（四条(a)）、アリゾナを除く六州が批准したため一九二九年に発効した。また、一九三五年にはフーバーダム本体の建設

図１　コロラド川流域

出典：米国連邦開墾局、https://www.usbr.gov/lc/images/maps/CRBSmap.jpg（2017年8月23日アクセス［白黒に変更］）

表1　ボルダー渓谷事業合意［August 18, 1931］およびその後の変更を踏まえて松本作成

Priority	Parties of Contract	Acre-feet/annum	
1	Palo Verde Irrigation District	3,850,000	104,500
2	Yuma Project		25,000
3(a)	IID and lands in Imperial and Coachella Valleys		
3(b)	Palo Verde Irrigation District		
4	MWD and/or the City of LA and/or others on the coastal plain	550,000	
5(a)	MWD and/or the City of LA and/or others on the coastal plain	550,000	
5(b)	(City and/or County of San Diego)→MWD	112,000	
6(a)	IID and lands in Imperial and Coachella Valleys	300,000	
6(b)	Palo Verde Irrigation District 16,000 of mesa lands		
7	Agricultural Use	All remaining Water	

が終了し、運用が開始され（湛水・初期工事の終了は一九三九年）、一九三七年には、連邦内務省とカリフォルニアの利水者の間でボルダー渓谷事業合意（七者合意。表1）が締結されている。

　この給水契約の特徴は三つある。第一に、第一順位から第三順位までが農業水利団体の水利権であり、各水利権が明確に定量化されていない。第二に、第四順位および第五順位は、南カリフォルニア諸都市の水利権である。第三に、第一順位から第四順位までの合計が四・四ＭＡＦであり、第五順位以下は当初から連邦内務長官による余剰認定に依存している。付言すると、南カリフォルニア諸都市への給水量のうち、コロラド川からの給水量は約三分の一程度であ

るが、連邦内務長官が「余剰なし」と認定すれば、ロスアンジェルス市やサンディエゴ市にへの給水量は六分の一程度削減されることになる。

再び米墨関係に目を向けると、一九二九年には、ハバナ会議において汎アメリカ仲裁裁判条約が成立し、一九三五年には米国もこれを批准した。同条約は、その当事者が、条約の解釈その他の国際法上の紛争を一方の当事国が仲裁裁判に付した場合にはこれを受諾する義務を負うこととした。この条約があるからといってメキシコに有利な判決が出るとは限らず、さらに、判決が履行される保証もない。しかし、次に検討するように、一九四四年条約（後述）の交渉過程において、仲裁裁判における司法判断がメキシコに有利に働く可能性が指摘され、メキシコの交渉力が増したと評価されている。

一九四四年米墨水条約の成立から水質保全の時代へ

一九四〇年には、米国とメキシコは交渉を再開し、リオグランデにおける米国側に有利な配分・管理・建設計画と引き換えに、コロラド川におけるメキシコの水利権を認めるか否かが争点となった。メキシコ政府は、リオグランデの流量の四分の三はメキシコ領内を流れる支流から流入しているため、将来的に支流における利水施設を整備してしまえば、テキサスに流入する前に取水し、米国側の利水施設を無駄にすることができると示唆した。そこで、米国は、コロラド川については譲歩し、メキシコに対して通常年について一・五MAFの水利権を承認した（米国の水利権は一五MAF）。

条約は、リオグランデおよびコロラド川に共通の規定を置く（一条・二条・二〇条・二二～二五条・二八条）。四～九条・一八条・一九条・二一条はリオグランデに固有の規定・一〇～一五条はコロラド川に固有の規定であり、一六条はティフアナ川に関する規定である。

まず、一条は、「取水」「取水点」「還流水」等の用語を定義し、二条は、委員会の名称をIBCから国際国境および水委員会（International Boundary and Water Commission：IBWC）に変更した。三条は、水利使用の優先順位について、⑴家庭用・都市用、⑵農業用および畜産用、⑶発電用、⑷他の産業用の利用、⑸航行用、⑹釣りおよび狩猟、⑺その他の有益的利用と規定する（環境関連が低い）。次に、「コロラド川の水のうち、すべての水源を合計しメキシコに対して次の量が割り当てられる。本条約一五条の規定に基づき年間一・五MAF（1,850,234,000m³）という量を保障する」（一〇条ⓐ）。余剰年と認定された年には追加的に最大〇・二MAFを配分し、厳しい渇水年及び灌漑施設における重大事故の場合、一・五MAFから米国の消費的利用と同じ割合で削減する。「メキシコは、コロラド川水系の水利用について、その目的を問わず、年間一・五MAF（1,850,234,000㎥）を超えて本項に規定されている以上の水を取得しない」（一〇条(b)）。一二条は、メキシコに対して、国境線のすぐ南側に自己負担で利水施設を建設する権限を授権している（この規定によりニューモレロスダムが建設された）。一五条は、米国がコロラド川本川およびAACからの義務的放流量を定め（毎月の上限と下限）、メキシコが受け取ることができる水量を平準化している。

そして、条約二四条(a)はIBWCに対して、条約に基づいて建造される構造物その他国境を形成する河川に関連する合意に必要な調査を実施し、計画を策定する権限を授権する。さらに、条約二五条は覚書（Minute）制度を採用し、この制度の下で、IBWCは、一九四四年条約を解釈・適用する権限を授権された。覚書は、両政府に送付され、いずれかまたは両方の当事者が三〇日以内に承認しない旨の意思表示を行わない限り発効することとされた。覚書は、上院の批准手続を要しない行政協定であると解されている。これらの規定に基づき、IBWCは自らの判断で、調査・計画・条約の解釈を行うことができる。問題は、IBWCが覚書により実質的な条約改正を行う権限を授権されているか否か―たとえば、IBWCが生命健康への懸念について権限を有するか―だが、覚書二四二号以降の環境関連の覚書は、IBWCがこれらの権限を有することを前提として策定されている。

さて、一九四四年条約は、地下水・水質・生態系保全には明示的に言及していないが、一九六〇年代には二つの変化により塩害が発生する。第一に、一九六一年には、アリゾナ州のウェルトンモホウク灌漑排水区（WMIDD）が高塩分濃度の排水をコロラド川に直接流したため、米国からメキシコに流される水の水質が争点として浮上した。WMIDDは連邦開墾局の事業であり、高塩分濃度の地下水上に位置しているため、地下水の排水が必要である。一九六一年には、この地下水を排水として流せば条約上の還流水としてカウントされるというきわめて疑わしい議論に基づいて排水が行われた。排水の塩分濃度は約六〇〇〇～六五〇〇ppmに上り、国境線における流水の塩分濃度は一九六一年三月（排水開始前）には一一〇〇ppmであったが、一九六一年一一月から一二月（排水開始後）には二七〇〇ppmにまで上昇した（海水の塩分濃度は三万ppm程度）。

第二に、一九六三年以降、一連のアリゾナ対カリフォルニア判決（後述）が下され、コロラド川協約およびボルダー渓谷事業法による州際水利配分が確定した。判決を受けて、一九六三年には、コロラド川貯水計画（CRSP）が承認され、グレンキャニオンダムの貯水が始まった（一九六四年完成）。また、一九六八年には、コロラド川流域事業法（CRBPA）が制定され、アリゾナによる中央アリゾナ事業による取水を認めるとともに、コロラド川長期運用基準においてグレンキャニオンダムからの年間放流量として八・二三MAFが目標とされた。アリゾナの取水の本格化は一九九〇年代後半だが、水量が減少すると塩分濃度は上がりやすくなる。

まず、一九六三年判決は、合衆国憲法第一章八節に基づき、連邦が州際河川の水利配分の権限をもつことを前提に次のように判示した。ＢＣＰＡは、下流部に対して協約交渉権限を授権したことにより、カリフォルニアに四・四ＭＡＦ・アリゾナに二・八ＭＡＦ・ネバダに〇・三ＭＡＦを割り当て、内務長官に割り当ての範囲内で貯水および給水のための契約締結の権限を授権した。また、州際河川の州際水利配分は連邦法が州法を先占するが、州内配分については各州に委ねられる。さらに、アリゾナによるヒラ川からの取水量は二・八ＭＡＦの配分に含まれない（Arizona v. California, 373 U.S. 546, 1963）。

また、一九六四年判決は次のように判示した。「アメリカ合衆国政府、その公務員、弁護士、代理人、及び、被用者は、次の事項を禁止される」。Ⅱ(B)「次の場合を除き、アメリカ合衆国政府がアリゾナ・カリフォルニア・ネバダの各州において灌漑用及び家庭用に管理する水を放流してはならない」。「(2) 内務長官の認定により、［下流三州］において七・五ＭＡＦを超えて各年度の消費的利用を充足した上で、本流において放流に十分な水があるとされた場合には、そのような消費的利用は余剰である」。合衆国政府が契約した場合には、七・五ＭＡＦを超える余剰の五〇％をカリフォルニア・四六％をアリゾナ・四％をネバダに割り当てる。「(6) ある年に、割り当てられた水が、その州に割り当てられた量にかかる給水契約の全量が有効ではない、または、利水者が全ての水を有益的利用に供することができないその他の理由により、その州において消費的利用に供されない場合には、この判決によって内務長官が割り当てられ利用されていない水について、その年の間、他の州において消費的に利用することを禁止されると解釈されてはならない」(Arizona v. California, 376 U.S. 340, 1964)。

そして、一九六〇年代後半から七〇年代には、国家環境政策法(NEPA)・清浄水法(CWA)・絶滅の危機に瀕した種の保存法(ESA)等の環境規制が制定された。さらに、データプロセシング革命を経て、環境事件における原告適格も拡大された。環境規制により維持流量確保の必要性が高まったが、水利使用の優先順位は不変であった。

当初、国務省は、コロラド川の塩分濃度の上昇への対応に後ろ向きであったが、国内の訴訟および国際的な訴訟(ICJへの提訴および仲裁裁判の提訴)のリスクを回避するために、一九六四年には覚書二一八号を締結したが、地下水利用権については尻抜け状態であった。

そこで、一九七三年には、これまでの対メキシコ政策への反省と南西部の発展の基盤整備の必要性を踏まえて覚書二四二号が採択され、次の五点が確約された(一九七四年にはコロラド川流域塩分管理法[CRBSCA]が制定された)。すなわち、①一・三六MAFについては、インペリアルダムにおける塩分濃度プラス一一五ppm以下に抑制してメキシコ側のモレロスダムに送る。②〇・一四MAFの高塩分濃度の流水は、モレロスダムの下流に放流する。③米国はウェルトン-モホウク排水路を延長し、将来的にはサンタクララ湿地帯を通じて排水をカリフォルニア湾に直接放流する。④米墨両国は、両国政府が包括的な合意に至るまで、メヒカリ帯水層における過剰な地下水採取をそれぞれ一六万Afに抑制し、この地域の地下水の追加的な開発を試みる場合には、その前に協議を行う。⑤米国はメヒカリ谷におけるメキシコの塩害対策を援助する義務を負う。覚書二四二号は、初めて環境配慮に取り組んだ覚書と評される。

一九七〇年代のコロラド川は、水も流れず生き物もいない、川ではない川であった。しかし、一九八二~八三年にエルニーニョ現象が起きた際、コロラド川流域では、米国領内の雪解け水がメキシコ領内のデルタに届き、生態系が復活した。デルタはパシフィック・フライウェイの中継地点であり、三五〇種類以上の鳥類が観察され、ユマオニクイナ・南西メジロハエトリ・Desert Pupfishなどの絶滅危惧種の所在が確認されている。また、最下流のカリフォルニア湾において、エビや貝類・魚類等の漁獲対象となる水産資源のほか、バキータ（イルカの一種）およびトトアバ（スズキの一種）などの固有種を育んでいる。生態系の復活を契機として、デルタの保全運動が始まり、一九九三年までは、コロラド川の流れがデルタに到達したが、一九九三年の中央アリゾナ事業（CAP）の完成後は、デルタの水不足は深刻化した（後述）。これに対して、一九九九年には、環境防衛基金（EDF）が報告書「デルタをもう一度」（Delta Once More）を通じて生態系保全の取り組みを強く訴え、二〇〇〇年には覚書三〇六号が策定された。覚書三〇六号は、生態系の固有の価値を覚書として初めて認めるとともに、条約当事者である米墨両国政府に初めて生態系の調査を義務づけた。さらに、二〇〇五年には、ＮＧＯが報告書「コロラド川デルタにおける保全活動の優先性」を公表し、優先性の高い一五カ所の要保護サイトをリストアップし、水資源を含めたニーズを明らかにしたが、二〇〇〇年代中盤以降の渇水期には、人間社会からの環境へのストレスは一層強まった。

すなわち、一九八五年から中央アリゾナ事業による給水が始まり、一九九三年から本格的な取水が始まった。また、一九八〇年代以降、農業水利団体であるインペリアル灌漑区（ＩＩＤ）と水不足に悩むＭＷＤ（ロスアンジェルス市等を構成団体とする一部事務組合）およびＳＤＣＷＡは、コロラド川の水利権の定量化および長期の水譲渡契約及び節水計画・環境影響緩和策・費用負担等の条件について交渉した。これらの総体は、水利権定量化に関する和解契約（ＱＳＡ）と呼ばれ、一九九九年に核心部分・二〇〇三年に全体像が固まった。ＱＳＡの当事者であるＭＷＤは、連邦内務長官に対して、フーバーダムにおける「余剰」（Surplus）の一定量を少なくとも二〇一五年まではＭＷＤに配分し続ける旨の確約を二〇〇一年コロラド川暫定余剰ガイドラインに入れることを求め、長官はこれを認めた。

前述のとおり、コロラド川の水利配分の法的根拠は、一九四四年条約および協約・ボルダー渓谷開発法・アリゾナ対カリフォルニア判決（諸判決が二〇〇六年に統合されたため二〇〇六年統合判決と呼ばれる）・一九六八年ＣＲＢＰＡ・環境規制の総体の解釈である。このうち、国内の水利配分の根拠は二〇〇六年統合判決であり、同判決ⅡB(2)は、七・五MAFを超える「余剰」の五〇％をカリフォルニア・四六％をアリゾナ・四％をネバダに割り当て、ⅡB(6)は、未使用の水をある州から別の州に配分する権限を連邦内務長官に授権する。

二〇〇一年暫定余剰ガイドラインは、前記の連邦内務長官の権限に基づいて一九六八年CRBPAの運用を変更するものであり、メキシコを落胆させた。QSAは、水利権の定量化と水利権の範囲内での水譲渡に関する和解契約であり、それ自体はコロラド川における取水量の変化をもたらさない。しかし、最終環境影響評価書が認めるように、フーバーダムを含む利水施設の水位を引き下げて「余剰」を米国の利水者に配分すれば、メキシコへの配分と覚書三〇六号が認めたはずの生態系のための維持流量確保は困難になる（最終環境影響評価書は、国境線を超えたメキシコ側の環境管理はメキシコ政府の責任であると述べている）。

同時に、QSAは、AACのライニング事業を通じて、両国の協力関係を揺るがした。和解契約が成立した時点では、AACの側面と底面はライニングされておらず、浸透した水のうち九〇％がメキシコ側で地下水として採取されていた。ライニング事業は、カリフォルニアからみると漏水防止事業であるが、メキシコからみると地下水源を剥奪する行為である。メキシコの農家は、地下水を農業用水の塩分を稀釈するために使用していたため、コロラド川の塩分濃度が保障されない場合、ライニング事業は農家に重大な影響を及ぼしうる。

この事業は、一九八八年サンルイインディアン水利権法に基づき、一九九四年に計画されていたが、二〇〇六年には計画が具体化し始めたため、カリフォルニアおよびメヒカリの非営利団体が事業を阻止するべく連邦開墾局を提訴した。これらの団体は、ライニング事業が地域社会およびコロラド川の生態系に与える社会経済的影響および環境影響が重大であり、開墾局は事業を進めるべきではないと主張した。二〇〇六年にメヒカリ経済発展協議会（CDEM）・資源と環境のために連帯した市民（CURE）・汚染に反対する砂漠の市民（DCAP）がAACのライニングの最終的な授権の差止めと違法確認を請求している。争点は水利権・環境規制に関して各四点・計八点に上るが、連邦地裁はすべての訴えを却下した（CDEM Ⅰ－Ⅳ。全体を合わせてCDEM訴訟と呼ぶ）。

これに対して、第九巡回裁判所は、本件訴訟が終了するまでの期間について、ライニング工事の執行停止の申し立てを認容した（CDEM Ⅳ）。しかし、二〇〇六年には、連邦議会が税額控除および健康保険法に基づきライニング事業の完成を命じ、二〇〇九年に事業は完成した。

さらに、二〇〇〇年代には、コロラド川流域は過去百年間で最悪の大渇水に見舞われ、連邦内務省および流域諸州は、二〇〇一年暫定ガイドラインを変更し、渇水時のグレンキャニオンダムやフーバーダム等の利水施設の運用基準を柔軟化及び明確化することを迫られた。そこで、二〇〇七年には、連邦内務省は沿岸七州および利水者との間で自制合意（ICF合意）を締結した。その仕組みの一つである意図的に作り出された余剰（ＩＣＳ）において、各利水者が割り当ての一部を一度連邦に自発的に返上し（二〇〇六年統合判決［一九六四年判決］ⅡＢ⑵の権利行使を自制し）、同判決ⅡＢ⑹に基づき連邦内務長官の許可を得て同じ量の割り当てを貯水池にため、必要な時期に後ろ倒しで使うことを許容し、特に優れた取り組みと認定されることを許可要件とする。

前述のとおり、二〇〇一年暫定ガイドラインおよび二〇〇七年ＩＣＳは、米国内の水資源の利用効率を改善するが、米墨関係と生態系保全にとって大きな痛手であった。そして、この時点までの正式な外交関係（ＩＢＷＣとＣＩＬＡの関係）はゼロサム的で膠着状態にあった。しかし、このような状況は米墨の利水者とＮＧＯの関与によって少しずつ動き始めることになる。

メキシコ地震から覚書三一九号へ

米墨両国のＮＧＯは二〇〇〇年代前半から、共同ワークショップの開催等を通じて関係を築き、二〇〇五年には報告書「コロラド川流域における保全活動の優先性」を共同でまとめ、その後もワークショップを開き続けた。そして、二〇〇七年八月には、米墨政府が共同声明を発表し、米国は、同年一一月に公表した前記のＩＣＳに関する最終環境影響評価書において、米国側のＮＧＯが提案した「ＩＣＳをメキシコへ」という提案に初めて言及した。さらに、二〇〇八年三月から動き始めたコロラド川合同協力過程（ＣＲＪＣＰ）において、ＩＢＷＣとＣＩＬＡによる協議に正式にＮＧＯが加わるようになった。

交渉は必ずしも順調に進んだわけではなかった。しかし、二〇〇八年九月に委員のうち二名が事故で亡くなり、何とか成果を出そうという機運が高まった。また、ＮＧＯ連合は、この時期にデルタ水基金（Colorado River Delta Water Trust）を創設し、デルタ水基金が資金調達および水利権や土地所有権の取得を始めたことが、維持流量確保を前進させ、利害関係者が譲歩を始める契機となった。さらに、二〇一〇年四月の地震によって、メキシコの利水施設が一部破壊されたが、米墨間における協力をさらに加速させた。まず、覚書三一六号は、覚書二四二号と覚書三〇六号を結合させ、一年間、両国政府が協力してユマ脱塩所の試行運転を行うことを提案した。米国・メキシコ・水関連の特殊地方公共団体が、一万ＡＦの維持流量確保と資金の供出に合意した（米国連邦内務省一〇万ドル・一部事務組合が二五万ドル）。条約および条約を執行するＩＢＷＣの当事者ではない特殊地方公共団体まで含めて、環境改善のための協力が成立した点は一歩前進と評価できるが、ＮＧＯのワークショップをまとめた報告書は、脱塩所の運転が湿地の健全性を損なった可能性を指摘しており、注意が必要である。

また、その二カ月後に成立した覚書三一七号は、次の点―水不足の影響緩和策・脱塩装置を用いた新たな水源の開発・生態系のために利用する水の確保・水の輸送効率の改善・灌漑技術の改善による節水・メキシコによる米国の貯水施設の利用―に関する研究項目をリストアップした。また、コロラド川流域の持続可能な水利用および将来の事業における費用便益の共有を目的とした協力の機会を模索する意図を明らかにした。

続いて、二〇一〇年一二月に成立した覚書三一八号において、二〇一〇年四月のメキシコ地震によって被災地の利水施設が利用不能になっている状況に鑑み、発効の日から二〇一三年一二月三一日までの間、条約一〇条(a)に基づいてメキシコに対して行われる給水のうち最大〇・二六MAFについて後ろ倒しを認めた。給水の後ろ倒しは、メキシコ側の委員の時宜を得た通知によって行われ、蒸発による損失の三％を差し引いた上で行われるものとされた。

さらに、二〇一二年に成立した覚書三一九号は、主に覚書三一八号を基礎として、次の三点において画期的な試みに合意し、二〇一七年末までの五年間継続することとした。第一に、二〇一〇年四月のメキシコ地震後に策定された覚書三一八号は、灌漑施設が使用不能になっていた期間のメキシコへの配分量の一部をミード湖（フーバーダムのダム湖）に貯水することを暫定的に認めていた。覚書三一九号は、まず、両国のパートナーシップを基本原則とし、すべての取り組みを二〇一七年一二月三一日までの五年間継続することを認めた。給水後ろ倒しの仕組みについては、意図的に作り出されたメキシコへの配分（ＩＣＭＡ）と名づけ、単年度の貯水量の上限を〇・二五ＭＡＦとし、給水量の上限を〇・二ＭＡＦと規定した。また、ミード湖の湖面の高さを基準として豊水年（一一四五Ｆｅｅｔを超える場合）および渇水年（一〇七五Ｆｅｅｔ未満の場合）を定義し、メキシコの豊水年における配分量と渇水年における削減量を定量化した。さらに、メキシコのための貯水も放流も、塩分濃度に影響を与えないように行うことを規定した。

第二に、Ⅲ条6は、流域およびデルタの生態系を維持するため、米国およびメキシコが合計105,392AF（130,000,000m³）のパルス流を提供し、デルタ水基金（ＮＧＯ連合）が52,696 AF（65,000,000m³）の基礎流量を提供する旨を規定する（合計158,088AF（195,000,000m³）にのぼる）。米国はメキシコに対して、ライニングの改善のために二一〇〇万ドルに上る資金援助を行い、代わりに、米国が利用に供するためメキシコは124,000ＡＦを提供する。

第三に、覚書（ひいては条約）は、基礎流量の供給主体としてではあるが、ＮＧＯを実質的当事者として認めている。覚書自体はＮＧＯの名前をリストアップしていないが、Sonoran Institute が明らかにしたところでは、Pronatura Noroeste・EDF・The Nature Conservancy・The Redford Center が参加している。さらに、権威あるシンクタンクである El Colegio De La Frontera Norte と協力して二カ国間の議論に参加し、覚書三一九号の合意形成に関わったとされる。デルタ水基金は、基礎流量の三分の一を確保するとしており、補助的な役割から踏み出している。また、覚書三一六号が公共団体のみを当事者としていたことと比較しても、NGOの役割は拡大したといえよう。

米墨間の水ガバナンスにおける「法の支配」と東アジア・東南アジア地域への示唆

米墨間の国際秩序を形成する際、次のような構成要素（ないし特徴）があった。第一に、アメリカ大陸においては、一九二九年汎アメリカ仲裁裁判条約が一定程度批准されており、加盟国間においては、一方の当事国が提訴すれば他方の当事国は仲裁裁判の管轄を受諾する義務を負う。国際司法裁判所が、限定的にしか活用できないことに鑑みると、同条約の加盟国間において、他の地域および非加盟国に比べて訴訟の圧力が強く働いていると推測される。

第二に、地域的条約の活用が挙げられる。すでに確認したように、国際環境法の原則は、ハーモン原則の絶対的領域主権論を乗り越え、制限主権論または共同管理論（ガブチコボ・ナジュマロシュ事業判決）に移行し、国際的な流域の利用関係においても衡平利用原則および重大危害防止原則が二大原則となっている（国連水路法条約五条および七条）。国際環境法において、多国間条約が注目されがちではあるが、流域環境の問題の特性と地理的特性を踏まえてこれらの理念を具現化するには、一九四四年米墨水条約のような地域的条約が必要である。

第三に、一九四四年米墨水条約は、ＩＢＷＣ・ＣＩＬＡという委員会組織に調査と覚書策定等の幅広い権限を授権し、委員会組織はこれらの能力を補完するＮＧＯと柔軟に協力した。たとえば、ＩＢＷＣの職員は、連邦国務省および連邦内務省の職員―おおむね法律・経済・会計・工学（水文学・土木工学等）の専門家―である。二〇〇八年以降、ＮＧＯが正規の交渉プロセスに入り込めた理由は、専属スタッフ同士の交渉が行き詰まり、利水者同士のニーズがかみ合ったタイミングをうまくとらえたことに加え、生態学等の専門性を補完したことにあると思われる。

第四に、覚書制度を通じて、条約の柔軟な解釈・運用が行われた。覚書は、条約上、ＩＢＷＣおよびＣＩＬＡに締結権限が委ねられており、批准手続なしに締結が可能である。元来、一九四四年条約は、米墨間における水資源の衡平利用原則の具体化として米墨間の水資源配分方法を規定していたものの、柔軟性のある規定とは考えられていなかったところ、二〇〇〇年以降は、覚書制度を通じた柔軟な解釈により統合原則を組み込んだ条約に生まれ変わっている。

第五に、越境環境影響条約（Convention on Environmental Impact Assessment in a

Transboundary Context：エスポー条約）と比較すると、米国における国内法の域外適用という手法の特異性は際立っている。米国は原則として一般的な国際法上の環境保全義務を認めず、連邦議会が批准した条約または自発的に制定した国内法の域外適用や連邦政府の国外での活動についてのみ国際環境法上の義務を認めている。コロラド川流域では、連邦議会が制定したNEPAやESAにおいて国際環境法上の義務を引き受けたと解する余地がある場合に、例外的に越境環境影響評価を行い、影響緩和策が検討されている。

特に、覚書三一九号は、条約一〇条(a)が米墨に定量的に各の年間一五MAFおよび一・五MAFの配分を規定しているところ、法的には同条項の解釈を柔軟化してICMAという仕組みにより、物理的にはグレンキャニオンダムやフーバーダム等の利水施設の統合的運用により、給水の後ろ倒しにより国際的な渇水調整を行いつつある。また、デルタ水基金は基礎流量を・米墨両国政府はパルス流を確保するとともに、優先順位を明確化して河岸に保全区域を確保し、越境的な環境影響の緩和に踏み出した。今後も、覚書の柔軟性は両刃の刃ではあるものの、当事国の価値観の変化はありうることから、覚書制度は今後も一層重要性を増すことになろう。もっとも、覚書三一九号の試みには、脆弱な前提条件―ロッキー山脈の降雪と老朽化したダムが今後とも存続すること―がある。水融通は、融通の対象―玉―があって初めて成立するが、渇水が深刻化した場合には玉がなくなる可能性がある。

次に、コロラド川の流域ガバナンスの東アジア・東南アジア地域における示唆として、本章は、北米の米墨関係を一つの先行事例として、地域的条約および仲裁裁判条約を中核的な要素として、法の支配の構成要素を着実に積み上げるべきであると主張する。

二〇一四年八月、国際水路の非航行的利用の法に関する条約は、ヴェトナムの批准により発効した。条約は非締約国に対して、直接的な拘束力はもたないものの、ガブチコヴォ・ナジュマロシュ計画判決が述べたように、衡平利用原則（五条）や重大危害防止原則（七条）はすでに慣習国際法の一部であり、これらの原則は非締約国に対しても効力を有する。しかし、地域的な条約なしに、ＩＢＷＣ・ＣＩＬＡのような委員会組織を作り、基礎流量およびパルス流の確保や流域の土地利用の変更まで行うことは困難である。

もともと、米墨関係は、米国が武力によりメキシコから領土を奪うという最悪の関係から始まっており、トランプ政権にみられるように今後も予断を許さない。しかし、メキシコや上流四州・アリゾナのように、軍事力・経済力・技術力において劣る国家や州であっても、交渉の材料をなるべく数多く揃えることによって、米国やカリフォルニア州のような強大な実力をもつ国や州に対して有利に交渉を進める可能性が出てくる。メキシコからみた交渉材料としては、仲裁裁判条約の圧力や、米国が上流国であるコロラド川だけではなく、メキシコが上流国であるリオグランデをセットにパッケージ・ディールを行ったことが挙げられよう。

翻って、現時点の東アジアにおいて、法の支配の構成要素のほとんどが欠けており、メコン川流域に限定すると交渉材料にも乏しい。しかし、どの構成要素が欠けているかを明らかにすることによって、今後の交渉課題が明らかになる。また、慣習法化している衡平利用原則と重大危害防止原則や越境的環境影響評価の義務を盾に、不相当な主張を排除することもあり得よう。さらに、ブータン・ネパールなどのヒマラヤ地域や他の有力国であるインドが関わる地域をセットにパッケージ・ディールを仕掛けるなど、交渉の地理的範囲を拡げた上で、地域条約の締結を目指すなどの構想が必要である。法の支配を通じた持続可能な国際社会は、長期的には実現すべきであり、かつ、実現可能な課題である。

参考文献

井上達夫（二〇一二）『世界正義論』筑摩書店。

松本充郎（二〇一七）「コロラド川に関する意思決定における法の支配と市民参加―一九九四年米墨水条約におけるIBWC・NGO・司法」『行政法研究』第一八号八三―一〇八頁。

イーディス・ワイス（一九九二）『将来世代に公正な地球環境を―国際法、共同遺産、世代間衡平』日本評論社。

追記

覚書三一九号は二〇一七年一二月三一日を期限としていたため、トランプ政権成立後、米墨両国の協力の継続が危ぶまれていた。しかし、本稿入稿後の二〇一七年九月二七日、両国は覚書三二三号に合意し、二〇一八年一月一日から二〇二六年一二月三一日までの九年間にわたり、覚書三一九号の内容を拡大して実施することが決定した。覚書三二三号は、米墨両国において安定的な水供給を行うため、豊水時および渇水時における水融通を認める。また、生態系保全のためのコロラド州沿岸の生息地を拡大し維持流量を確保すること等を確約している。

大統領が国境の壁の建設には熱心でも、国境を越え種の壁を越えて水を分かち合うことに無関心であるために、水をめぐる国際的な協力関係が進展したといえる。この事実は、手放しには喜べないが、今後の米墨関係の動向を注視したい。

第7章

グローバルな脱貧困と援助政策

神谷　祐介
伊庭　将也

世界経済のグローバル化が進むなか、貧困のあり方も変容している。貧困とは、文字通り「貧しくて、生活に困っていること」を意味する。貧困は所得貧困を指すことが多いが、貧困は単純に金銭的な問題に留まらない。世界を見渡すと、過酷な労働を強いられる児童、住む家のない路上生活者、水や衛生環境の悪いスラムの住民、極度の栄養不良で苦しむ母子など、極限の状況下で日々の生活を余儀なくされている人々が今も多く存在し、広義にはこれらも貧困の重要な側面といえる。

近年、グローバル化が急速に進むなか、我々はこうした世界の貧困について、その諸相、原因、そして対応策について真摯に考察することが求められている。本章では、特に戦後から二一世紀までの貧困の概念と脱貧困のための援助政策の変遷について、ダイナミックにとらえて考察を行う。

1　グローバル化のなかでの貧困問題

世界経済の動向

はじめに、世界経済の動向に目を向けると、第二次世界大戦後の冷戦時代の国際秩序を経て、一九九〇年代以降、世界的な経済問題や地域紛争が頻発する時代を迎えている。また、途上国と先進国の経済格差を示す南北問題が生じた一方で、近年では、ＢＲＩＣｓ（ブラジル、ロシア、インド、中国）に代表される新興国の台頭により、南南問題といわれる途上国間の経済格差も顕在化している。図１は、長年にわたって世界の経済覇権を有している米国、敗戦後急激に経済成長を果たした日本、ＢＲＩＣｓよりブラジル、インド、中国、東南アジアからタイ、そしてサブサハラアフリカからザンビアという七カ国について、一人当たり国民総生産（ＧＤＰ）（二〇一〇年米ドル基準の実質値）の常用対数をとり、一九六〇年から二〇一五年までの推移を表したものである。

図１よりまず読み取れることは、かつて発展途上国であった日本が、一九九〇年頃までには経済面で米国にキャッチアップしたことである。アジアにおいては、日本に続いて、タイも急

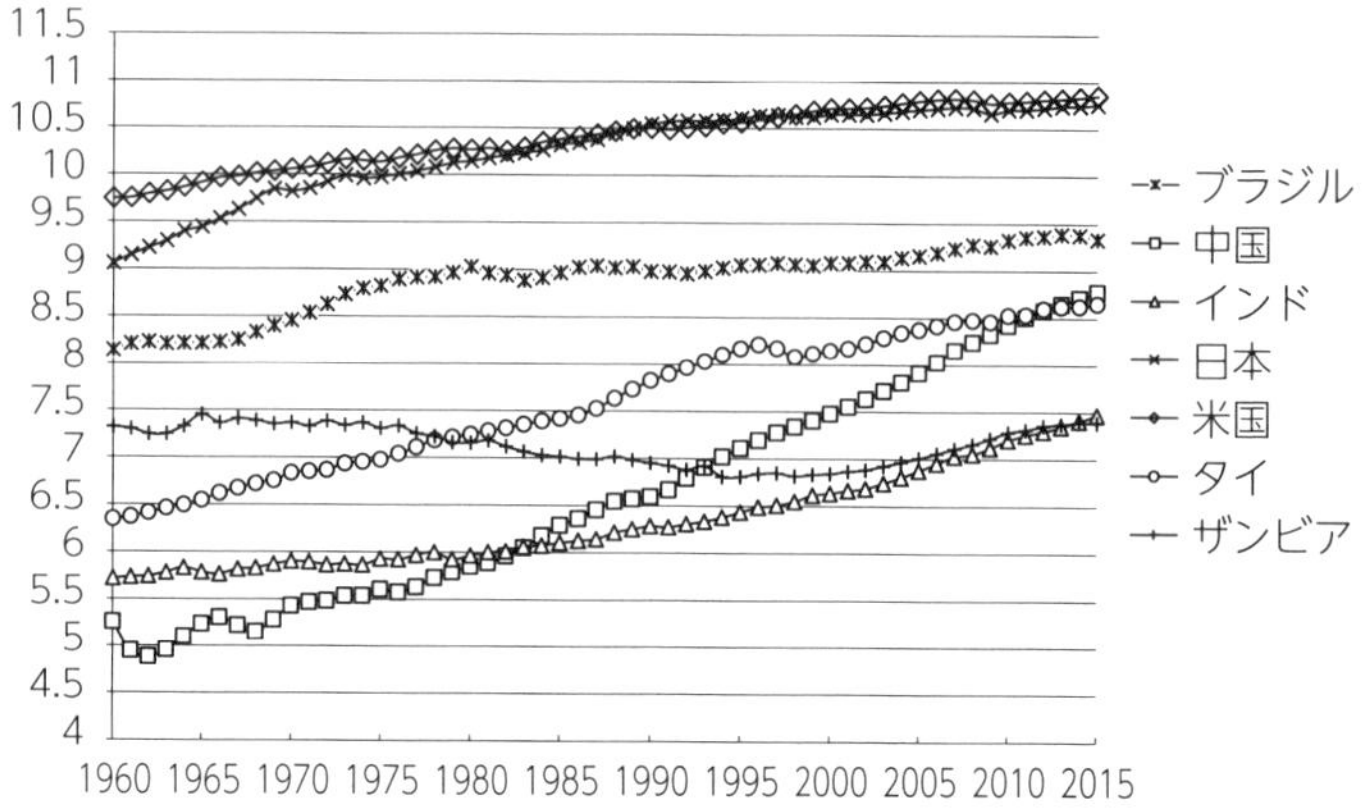

図１　一人当たり国内総生産（GDP）の変遷
出典：世界銀行 World Development Indicatorsより筆者作成

激に経済発展を遂げた国の一つである。特に、タイにおける一九八〇年代から一九九〇年代中頃にかけての一人当たりＧＤＰの増加は日本よりも急激である。同様に、中国の経済成長も顕著であり、一人当たりＧＤＰは一九九〇年代後半に勃発したアジア通貨危機の時代においても停まることなく成長した。また注目すべきは、中国がかつて世界の最貧国の一つであり、一九八〇年代初頭まで、その一人当たりＧＤＰは図中七カ国の中でも最も低い位置にあったことである。中国はＢＲＩＣｓのなかでみても、インドの一人当たりＧＤＰを圧倒的に引き離し、二〇一五年のそれはブラジルに肩を並べる勢いである。また、タイ、中国、インドの一人当たりＧＤＰは一九六〇年代においてザンビアを大きく下回っていたことは興味深く、その比較よりアジアの国々が約五〇年の間にすさまじい勢いで経済成長していることが理解できる。さらに、二一世紀に入ってからは、ザンビアの経済成長率が高くなっていることも特徴的である。

このように多くの国々においては経済成長を果たし、本章で後述するような貧困削減が進んだ。経済成長を通じて所得貧困が削減されることは、多くの実証研究が可能という結果を示している（Dollar and Kraay 2002, Ravallion 2001）。次に、本章の主題であるグローバルな脱貧困の取り組みがいかに進んだかを考察する前に、貧困の定義と多様性について考えてみたい。

貧困の諸相

そもそもの議論の前提として、貧困の定義を示すことは極めて困難である。たとえば、貧困の代表的な定義として低所得という状態が挙げられる。この所得貧困の定義として、一日の所得が一・九〇米ドル以下で生活を余儀なくされている状態を指す絶対的貧困（Absolute Poverty）と、国民の所得分布の中央値（メディアン）の半分に満たない状態を指す相対的貧困（Relative Poverty）が挙げられる。しかしながら、これらの定義はあくまで貧困という状態を所得という物質的な側面から説明したものに過ぎない。さらに、低所得という状態を考えると、その要因は教育機会や就業機会の欠如、身体的・精神的理由、または居住国・地域の政治・社会体制、経済状況など多岐にわたる。

こうした、物質的側面からの貧困の基準に生活の諸側面の視点を加えたのがアマルティア・セン（Amartya Sen）である。センは人々の生活水準を「機能」（functioning）と、その集合体である「潜在能力」（capability）という概念から計測することを提唱した。センの提唱する「機能」とは、健康であること、教育を受けることといった、本来価値を見出すことのできる様々な状態や行動を指し、「達成可能である様々な機能の集合であり、それを達成できる実質的な自由」であると定義されている（Sen 1999）。たとえば、生活を営む上で最低限必要な食料や水が欠けている状態、または識字能力や教育年数が不足しているという状態を考えると、先進国においては「食事をとる」「水分を補給する」「学校に通う」といった選択はおおむね可能となる。その一方、途上国においては「（お金や食料がないため）食事をとることができない」、または「（お金や学校がないため）学校に通うことができない」というように、選択の余地がそもそも存在していないことがありうる。

こうした選択の余地がない状態、たとえば、「教育機会の欠如」は人的資本の蓄積を妨げ、将来の職業選択や所得稼得の機会を狭め、ひいては一国の経済成長にもマイナスの影響を与える。

このほか、社会的な側面からみれば、たとえば、女性であることを理由にして、教育や雇用の機会を得られず、低所得状態に陥ってしまうといったジェンダー差別との関連性も見出すこともできる。こうしたセンの概念を踏まえて貧困を考えるならば、貧困は生活環境、教育、就業機会、ジェンダーといった多様な側面と関連しており、その概念を所得という一側面に限定することは不可能となる。

2 貧困削減への取り組み

この貧困という難題に対して、長年の間、世界的な規模で様々な対策が講じられてきた。その取り組みは、そもそも貧困をどうとらえ、多様な側面をもつ貧困のどの部分に対してアプローチをし、その削減を進めるかということに焦点が当てられてきた。以下では、貧困削減の取り組みについて時系列的に追う。

従来型の開発援助

一九五〇年代から一九六〇年代前半における貧困の概念は、あくまで先進国の経済水準からみた途上国との格差としてとらえられていた。それゆえに、先進国から途上国への開発援助アプローチは、トリクル・ダウン仮説を根拠としたマクロレベルの経済成長に資するものであった。トリクル・ダウン仮説とは、富裕層や大企業といった多くの富を所有するものたちがより豊かになれば、その利益が低所得層にも滴り落ちて、貧困の解消につながるというものである。こうしたアプローチが用いられた背景としては、第二次世界大戦後の国際社会においては、先進国や国際機関によって戦後復興と途上国への経済援助が始まったことにある。特に、途上国に対する経済援助は、ブレトンウッズ会議において創設された世界銀行とIMF（国際通貨基金）という二つの国際機関によって推進された。

まず、世界銀行は、戦後復興と途上国の経済開発を目的としており、特に、経済インフラ整備を担う機関として創設された。たとえば、戦後における高度成長期の日本を支えた東海道新幹線や東名高速道路などのインフラ基盤は世界銀行からの融資によって建設されたものである。また、現代においても、世界銀行は途上国のインフラ整備に向けて多額の融資を行っている。一方のIMFについては、国際金融と通貨の安定を目的に創設された。その背景として、第二次世界大戦以前の世界経済においては、国際金融と通貨を監視する機関が存在しなかったため、多くの国々が経済混乱に陥り、また、輸入規制や通貨の切り下げを行い、国民の生活水準と雇用の悪化をもたらしてしまったことが挙げられる。このため、ＩＭＦは戦後の世界経済の安定のため、各国経済の調整や協力を担ってきた。

その後、一九六〇年代後半から一九七〇年代にかけては、従来のマクロ経済成長アプローチではなく、貧困層に着目して、主に雇用・所得分配の改善やＢＨＮ（Basic Human Needs：人間の基本的な欲求）の充足などを目指した貧困削減アプローチが広く採用された。この背景として、一九六〇年代後半には、途上国内の経済的な格差構造や貧困層を特定するための統計データの整備が開始されたことが挙げられる（佐藤二〇〇二）。その結果、途上国におけるマクロ経済成長の恩恵がすべての国民には行き届いてない事実が明らかとなった。このため、トリクル・ダウン仮説に対する疑念が生まれ、国家ではなく貧困層そのものに視点を移したＢＨＮアプローチが必要とされるようになった（絵所・山崎編一九九八）。

このＢＨＮアプローチの国際社会への浸透は、一九七六年の世界雇用会議（World Employment Conference）において、従来のマクロ経済成長を重視した開発アプローチへの反省から、ＢＮ（Basic Needs）として国際労働機関（International Labor Organization）が提唱したことを始まりとしており、一九七八年には世界銀行もＢＨＮの概念を採用した。このＢＨＮとは主に、（1）衣食住の充足、（2）公的サービスの充足、（3）雇用機会・社会参加の充足より構成されており、貧困層の生活充足に重点を置くアプローチであった。

こうした背景を受け、途上国の経済開発アプローチは、雇用の増大、公正な所得分配、そしてBHNの充足を目指すものとなった。さらに、途上国における経済的な格差構造を統計データによって捕捉することが可能となったことは、上述した絶対的貧困と相対的貧困の概念を生み、貧困削減のアプローチの方向性を定め、その精緻さを高めることにも寄与した。

なお、開発アプローチに関する上記の潮流があった一方で、途上国自身は、その取り組みに対して批判的な姿勢もみせていた事実を見過ごしてはならない。それは、それまでの先進国や国際機関による援助戦略が途上国に対してトップダウン的で一方的な受け入れを求める性質のものであり、さらに貧困削減の成果が十分に確認できず、途上国がそのアプローチの効果に対して猜疑をもったためである。

貧困削減の取り組みの衰退化

こうして貧困の概念が精緻化されつつも、貧困対策が依然として実効力をもたないなか、一九八〇年代に入ると、先進国による世界の貧困問題に対する取り組みは衰退化した。この背景として、まず一九七〇年代に起こった二度のオイルショックが挙げられる。この短期間での原油価格の高騰は世界的なオイルマネーの過剰化を招き、一九七〇年代後半から先進国や国際機関からの途上国への貸付を急激に増加させた。その後、一九八〇年代に入り、世界的な高金利の煽りを受け、中南米諸国を中心にして、途上国の累積債務問題が顕在化した。このため、途上国の開発問題に対する先進国による関心事は、それまでの貧困対策から、途上国がいかに持続的に債務返済できるかという債務問題に移っていった。

この問題に対して世界銀行とＩＭＦが打ち出した打開策は、構造調整プログラムである。構造調整とは、途上国に対して融資条件（コンディショナリティ）を課し、その受け入れに応じた国に対して融資を行うものである。その融資条件とは、これまで途上国政府が行ってきた政府主導の経済開発ではなく、市場原理に基づいた構造改革を行うことである。構造調整は、その国の財政・金融システムだけでなく、投資、生産、消費、貿易、行政制度（公務員の規模縮小、地方分権化の推進）といった多方面での改革を条件とし、経済運営を市場に任せることで、当該国の経済成長と持続的な債務返済を目指した。

しかし一九七〇年代までの先進国による開発援助アプローチと同様に、構造調整プログラムにもトップダウン的な傾向がみられ、途上国からは内政干渉という批判も寄せられた。また、構造調整は、構造改革に必要とされる途上国政府の行政管理能力を考慮していなかったため、途上国が行政改革を実行しても、それを運営する行政能力が備わっていないケースも散見された。このため、構造調整プログラムは多くの途上国の混乱を招いた。

こうした一九八〇年代から一九九〇年に至るまでの開発援助における貧困への注目の衰退と、構造調整プログラムの失態という事実は、世界銀行が一九九〇年に刊行した「世界開発報告（World Development Report）」において、一九八〇年代を「失われた一〇年（Lost Decade）」と表現していることからも認識できる。

開発援助アプローチの多様化

その後、一九九〇年代に入ると、貧困問題への注目の希薄化と構造調整プログラムの失態に対する反省から、途上国の開発援助アプローチとして再び貧困問題に焦点があてられた。まず注目すべきは、この時代におけるアプローチは、これまで考えられてきたマクロ経済成長への寄与、雇用増大、ＢＨＮの充足などに加えて、さらにその対象範囲を広げて多様化が進んだことである。

開発援助アプローチの多様化の背景として、まず一九九六年に経済協力開発機構（ＯＥＣＤ）のＤＡＣ（Development Assistance Committee：開発援助委員会）上級会合で採択された「ＤＡＣ新開発戦略」（二一世紀に向けて：開発協力を通じた貢献）が挙げられる。これは過去の先進国による開発援助の経験と成果を踏まえた上で、今後の開発援助の役割を打ち出したものである。その戦略の基本理念は、⑴途上国のオーナーシップ（主体性）と先進国と途上国とのパートナーシップ、⑵セクター包括的・国別アプローチ、そして、⑶具体的な開発目標の設定と成果重視アプローチであった。

このように、途上国の自律性を尊重し、各国に応じたアプローチをあらゆるセクターで明確な目標をもって取り組むという、従来にはみられない多様性に満ちた開発戦略がとられるようになった。そして、この国別の開発戦略として策定されたのがＰＲＳＰ（Poverty Reduction Strategy Paper：貧国削減戦略文書）である。ＰＲＳＰ策定の背景は、一九九八年に当時世界銀行総裁であったジェームズ・ウォルフェンソンが提唱したＣＤＦ（Comprehensive Development Framework：包括的開発の枠組み）にある。ＣＤＦは開発のための包括的なフレームワークであり、このＣＤＦを具現化するものとして、ＰＲＳＰは策定された。ＰＲＳＰの基本理念は、⑴途上国のオーナーシップ、⑵結果重視（具体的な目標設定）、⑶包括的アプローチ、⑷パートナーシップ、⑸長期的視野の五つであり、その具体的な内容は各国で異なっていた。

その一方で、国際社会においてもグローバルな開発目標として、国連「ミレニアム開発目標」(Millennium Development Goals：ＭＤＧｓ）が掲げられた。このＭＤＧｓは、ＤＡＣ新開発戦略において掲げられたＩＤＧｓ（International Development Goals：国際開発目標）を萌芽としている。また、ＰＲＳＰとＭＤＧｓの双方にＤＡＣ新戦略の理念は継承されており、両者は密接に関わっている。それゆえ、ＤＡＣ新戦略においては、国別開発戦略とグローバルな開発目標とをリンクさせるように開発イニシアティブが採られた。

こうしたＤＡＣ新戦略の登場と、そこから派生した国別開発戦略及びグローバル開発目標の設定により、開発アプローチはより多様なものとなった。

以上の背景から、一九九〇年代における開発アプローチは、従来の枠を超えて多様性をみせるが、それは二〇〇〇年九月に国連ミレニアム・サミットで採択されたＭＤＧｓにおいて再確認できる。ＭＤＧｓに掲げられた目標は、⑴極度の貧困と飢餓の撲滅、⑵普遍的な初等教育の達成、⑶ジェンダー平等の推進と女性の地位向上、⑷乳幼児の死亡率の削減、⑸妊産婦の健康状態の改善、⑹ＨＩＶ／エイズ、マラリア、その他の疾病のまん延防止、⑺環境のための持続可能性を確保、⑻開発のためのグローバルなパートナーシップの推進の八つである。これらからわかるように、開発目標は従来の所得や雇用に焦点を当てた経済的側面に偏った概念としてはとらえられず、ジェンダー平等、教育、健康といった幅広い社会に生きる人間そのもの状態を示す概念へと変容した。

開発アジェンダの貧困への集約

これまで述べたように、貧困の概念と開発援助アプローチは、初期段階から近代に至るまで様々な変遷を繰り返し、その多様化が進んできた。そして、二一世紀に入り、開発アジェンダは貧困に集約されつつあると考える。この背景については大きく三つ挙げられる。

一つめは、グローバリゼーションによる貧困問題の顕在化である。近年になり、経済活動のグローバル化の恩恵を享受できるもの(国・所得階層)とできないものとの間で所得格差が拡大し、貧困・格差問題が顕在化した。二つめは、多様化する貧困の諸相に対して、経済・開発理論が進展したことである。これは近年の経済・開発理論が従来扱ってきたマクロ経済成長や社会開発に加えて、たとえば、援助効果が発現するために必要な途上国のガバナンス向上、地域紛争・暴動などの暴力や恐怖、一時的な所得ショック等のリスクに対応できない貧困層の脆弱性といった多様化する現実的な貧困問題をその分析対象としたことに起因する。三つめは、先進国や国際機関のドナーとしてのプレゼンス・アピールである。彼らは、グローバルレベルでの貧困削減という難題を最重要の目標として設定することで、援助資金の確保と組織存続の必要性を国際社会でアピールすることが可能となる。

こうした三つの観点から、近年の開発アジェンダは貧困に集約されていると考えられる。ただし、三つめの理由については、いかにも先進国や国際援助機関を中心とした戦略的な理由であるといわざるをえない。

開発援助の有効性と貧困問題

最後に、脱貧困のための取り組みに関する近年の議論について述べたい。まず、一九九〇年代から二一世紀にかけて、貧困をめぐる議論は、国単位のマクロ的な視点から、個人や世帯、そしてコミュニティや企業など、よりミクロな主体を重視するものへと変化していった。こうした背景から、貧困対策アプローチについても、国や行政といった上段から構えたものではなく、貧困にまつわる具体的な問題群としてとらえられる必要が出てきた。さらに、そうした問題一つひとつを考察することで、個別具体的かつ実践的な対策が提示できると考えられる。しかしながら、近年までの貧困についての論争の主流は、開発援助の有効性、市場経済や民主主義の信頼性、もしくは、貧困の根本的な原因は何かといった大問題を扱うものであった。つまり、貧困対策アプローチの取り組みが精緻化される一方で、脱貧困のための学術的な論争はマクロ的な命題に固執しがちであった。

この点に関しては、援助の有効性についてのジェフリー・サックスとウィリアム・イースタリーの論争が記憶に新しい。サックスの主張は、貧困層は「貧困の罠」（poverty trap）に陥っているために市場機能が有効性を発揮することができない、その罠から抜け出すには、「ビッグプッシュ」、つまり多額の援助が不可欠であるというものである。サックスは、海外援助が希少で伝染病の多い陸封国といった「貧困の罠」を引き起こす悪条件に対して、大規模な初期投資を行う原資を必要としており、援助こそが貧困者の生活を改善させると主張した（Sachs 2005）。

一方、イースタリーの主張は、援助は援助受取国の自律性を阻害し、当該国のローカル・ルールを歪め、かつ、援助機関による自己延命的なロビー活動を作り出すというものである。イースタリーは、自由市場が確保されており、かつ適切なインセンティブが働けば、貧困者は自身で問題の解決策を探るとし、開発援助はむしろ援助受取国の自助努力に悪影響を与えると訴えた（Easterly 2006）。

この両者の主張は二律背反的で、相容れる余地はないようにみえる。では、どちらの主張が正しいといえるのであろうか。その判断は曖昧なものとなるが、どちらも正しく、また正しくないと考えるべきであろう。まず、どちらも正しいというのは、両者の主張が一定の論拠に基づいた主張であることに起因する。サックスは、開発援助を通じた、人的投資（教育や健康）やインフラ整備といったソフト・ハード両面での資本増強が一国の貧困削減には有効と主張しており、一方のイースタリーはアフリカにおいて援助が経済成長をもたらさなかったという事例をデータに基づいて主張している。

次に、どちらも正しくないというのは、サックスは援助を通じて援助受取国はその生産性を向上できると主張するが、これはその国のカバナンスや市場構造に依存するため、必ずしも援助が効果を発揮するとは限らない。この点は、フィリピンやインドネシアなどの既得権益や汚職などの過去の事例を考えれば理解できる。一方で、イースタリーが主張する援助の悪影響についても同様のことがいえる。確かに、多くのアフリカ諸国の経済成長にとって、開発援助は有効ではなかったと思われるが、これまでの途上国で行われた開発援助にまったく効果がなかったわけではない。

このように、両者はある一定の根拠に基づき貧困対策のあり方を主張している一方で、現実のケースに当てはまらない場合も多い。こうした貧困や途上国の多様性を考慮した上で、貧困削減アプローチの有効性を検証するため、二一世紀に入り、バナジーとデュフロらが主張するランダム化比較実験（Randomized Controlled Trail：RCT）が世界的に広く用いられるようになった（Banerjee and Duflo 2011）。ＲＣＴは、ある開発課題の解決を目的とした各種プログラムや政策介入が実際にどのような効果を与えたかについて、科学的に厳密に評価する。つまり、ＲＣＴでは、評価したい介入について、介入の対象地域や対象者をランダム（無作為）に処置群と対照群に割り当てて実行することで、その介入の因果的効果を計測する。実際に、ＲＣＴという評価・研究手法は、世界銀行をはじめとする国際機関や研究機関、そして政策立案者にも受け入れられ、途上国における貧困削減の取り組みの精度向上やスケールアップに貢献した。

3　貧困削減の成果

以上で述べた、グローバルな脱貧困の取り組みの成果についてデータで確認してみたい（図2）。ＭＤＧｓの目標1は、二〇一五年を最終年とし、その五年前までに極度の貧困の比率を半数に削減するというものである。二〇一五年に国連が発表したＭＤＧｓ報告書では、貧困削減の基準年である一九九〇年、二〇一一年、最終年である二〇一五年のデータを公表している。

これによると、全世界的には二〇一一年までに一九九〇年比の削減率五八％を達成し、最終

		1990	2011	2015
サブサハラアフリカ		57%	47%	41%
	削減率		18%	28%
南アジア		52%	23%	17%
			56%	67%
南アジア（インドを除く）		53%	20%	14%
			62%	74%
東南アジア		46%	12%	7%
			74%	85%
中国		61%	6%	4%
			90%	93%
ラテンアメリカ		13%	5%	4%
			62%	69%
中央アジア		8%	4%	2%
			50%	75%
西アジア		5%	2%	3%
			60%	40%
北アジア		5%	2%	1%
			60%	80%
発展途上国（中国を除く）		41%	22%	18%
			46%	56%
発展途上国		47%	18%	14%
			62%	70%
世界		36%	15%	12%
			58%	67%

図２　貧困比率の推移

出典：United Nations, The Millennium Development Goals Report 2015 p.14

年の二〇一五年までにも六七％の削減を達成した。中国を除いた途上国でみると、二〇一一年までの削減率は四六％であったが、二〇一五年での削減率は五六％となり、最終的にはＭＤＧの貧困削減目標を達成したといえる。なかでも東南アジア地域の貧困削減率はきわめて高く、二〇一一年において七四％、二〇一五年においては八五％と八割近くの削減を達成している。また、中国の削減率は二〇一一年の時点で九〇％を達成しており、近年の経済成長率と比例するように貧困を削減したといえる。この中国の途上国における貧困削減への貢献は、中国を除いた途上国の貧困削減率と中国のそれとを比較したときに、削減率が約一五％も変化することをみても理解できる。

南アジアにおいては、他地域に比べ貧困比率が高いが、二〇一一年までに五六％の削減率を達成している。留意すべきは、南アジアからインドを除いた場合、貧困削減達成率が増加するという点である。これは、インドが近年において経済成長が目覚ましい一方で、国内所得格差の是正が進んでいないことを示す。その他、ラテンアメリカや中央・西・北アジア地域においては相対的に貧困比率が低いが、いずれの地域も二〇一一年までに五〇％以上の貧困削減を達成している。

以上のように、世界の多くの地域でＭＤＧｓの貧困削減目標が達成された一方で、サブサハラアフリカにおいては芳しくない結果がみてとれる。世界の地域別に貧困率をみたときに、最も高い比率を示しているのがサブサハラアフリカであり、その比率は一九九〇年で五七％であった。貧困削減率は二〇一一年の時点で一八％、また二〇一五年においても二八％にとどまっており、唯一のＭＤＧｓ未達成地域となった。このため、グローバルにみた今後の貧困削減の重点はサブサハラアフリカである一方、この地域は国の多さとその多様な文化や政治体制があるため、各国の特色を考慮した貧困削減の取り組みが求められる。

なお、こうした傾向は、絶対的貧困者がどのような国に偏在しているかを知ることでも理解できる。二〇一五年のＭＤＧ報告書によると、全世界の絶対的貧困者のうち、その八〇％以上をサブサハラアフリカと南アジアの国民で占める。加えて、二〇一一年における絶対貧困者数のうち、その約六〇％がインド、ナイジェリア、中国、バングラデシュ、コンゴ民主共和国の国民であるとの指摘は重要である。

また、これらの指摘は、貧困の多様性を反映させる指標として、一九九〇年に国連開発計画（ＵＮＤＰ）が導入したＨＤＩ（Human Development Index：人間開発指標）についても当てはまる。図3にて、世界の地域別のＨＤＩの推移をみると、二〇一三年の時点でアラブ諸国、南アジア、サブサハラアフリカが世界平均に達していない。南アジアに関しては、一九八〇年から二〇〇八年にかけてＨＤＩの上昇に勢いをみせていたが、世界平均には遠く及ばず、それ以後は勢いづいた上昇傾向はみられていない。サブサハラアフリカに関しては、出発点を南アジ

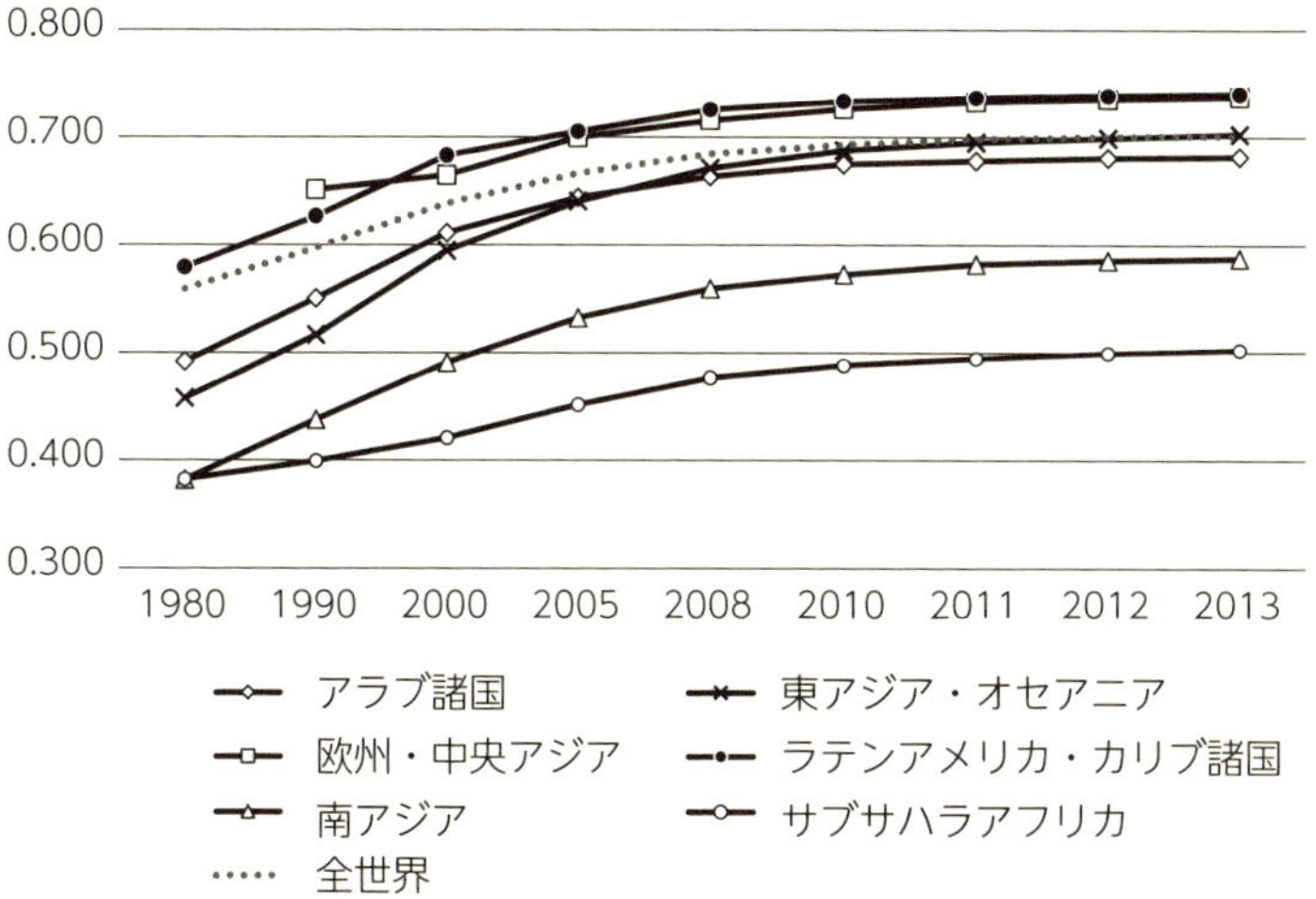

図３　世界の地域別の人間開発指標（Human Development Index）
出典：United Nations Development Programme（UNDP）, Human Development Data

アと同じくしているにもかかわらず、その上昇率はきわめて低い。東アジアは、一九八〇年の時点ではＨＤＩの値が世界平均を大きく下回っていたが、上昇率が凄まじく、二〇一一年の時点ではアラブ諸国を追い越して、世界平均にほぼキャッチアップしている。

以上のように、これまでの貧困削減の取り組みは、世界的な視点からは大きな成果を得たといえる。しかし、地域別の課題としてサブサハラアフリカ地域の貧困削減に取り組むことが今後も重要である。また世界的に絶対的貧困者の削減を目指すのであれば、それに加えて絶対的貧困者の偏在する国々への取り組みが必要となるだろう。

今後に向けて

最後に、今後の開発援助の方向性について考えてみたい。図4は主要援助国五カ国（フランス、ドイツ、日本、イギリス、米国）のODA実績（支出純額、百万米ドル、名目値）の推移である。一九六〇～一九八〇年代前半までは、米国を除く四カ国においてODA実績の差はさほど顕著ではなかった。しかし、一九八〇年代後半からODA実績の差は徐々に明確になり始め、それまで援助大国として君臨していた米国もその地位を揺るがされるようになった。特に日本は一九八五年以降、ODA実績額を急激に上昇させ、一九八九年にはアメリカを追い越してトップ・ドナーとなった。しかしながら、二一世紀に入り、米国の急激なODA額の増加により、日本は米国に圧倒的な援助額の差をつけられている。加えて、ドイツ、イギリス、フランスも二〇〇〇年を境にODA額を増加させている。現在の日本のドナーとしての地位は、二〇〇八年のリーマンショック以降、五カ国中最下位となっている。

今後の日本のODAについても、本章でみたようなグローバルな脱貧困のための援助潮流のなかでは、まず、絶対的貧困者が偏在する国々や地域に向けた支援に重点的に取り組むべきである。次に、ポストMDGとして、二〇一五年に国連でグローバルな開発目標として採択され

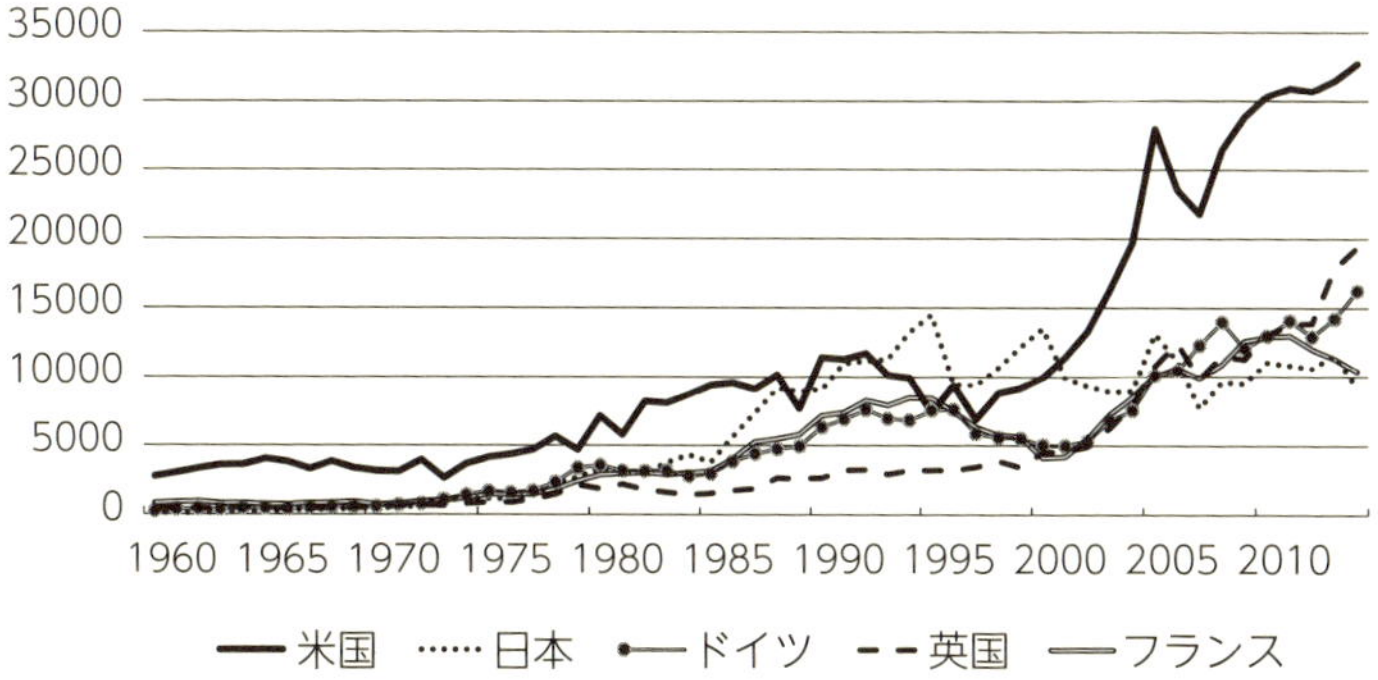

図４　主要援助国のODA実績（支出純額、単位：百万米ドル）の推移
出典：OECD-DAC（Development Assistance Committee）Statistics

た「持続可能な開発目標」(Sustainable Development Goals：SDGs）にも積極的にコミットし、その達成のために国際社会で積極的に行動することが求められる。さらに、今後ODAの量的な拡大が望めない日本政府としては、グローバルな脱貧困のための各種取り組み（ODA事業や民間活動）の有効性を高めるべく、RCTをはじめとした評価研究を機動的に実施するなど、エビデンスに基づく開発援助を展開し、その成果を国際社会に発信していくことが望まれる。

参考文献

絵所秀樹・山崎幸治編（一九九八）『開発と貧困』アジア経済研究所。

佐藤元彦（二〇〇二）『脱貧困のための国際開発論』築地書館。

Banejee, A.V. and Duflo, E. (2011) *Poor Economics*, Public Affairs.（山形浩生訳（二〇一二）『貧乏人の経済学』みす

ず書房）
Dollar, D. and A. Kraay（2002）"Growth is Good for the Poor," *Journal of Economic Growth*, Vol.7, Issue 3, No.3, pp.195-225
Easterly, William（2006）*The White Man's Burden*. New York: The Penguin Press.（小浜裕久・織井啓介・冨田陽子訳（二〇〇九）『傲慢な援助』東洋経済新報社）
Ravallion, Martin（2001）"Growth, Inequality, and Poverty: Looking Beyond Averages," *World Development*, Vol.29, No.11, pp.1803-1815.
Sachs, Jeffrey（2005）*The End of Poverty*. New York: The Penguin Press.（鈴木主税・野中邦子訳（二〇〇六）『貧困の終焉』早川書房）
Sen, Amartya（1999）*Development as Freedom*. New York: Oxford University.（石塚雅彦訳（二〇〇〇）『自由と経済開発』日本経済新聞社）

第8章

貧困、開発、援助
――イメージと現実とのギャップ――

Virgil Hawkins

「先進国からの潤沢な開発援助を受けているにもかかわらず、発展途上国がなぜ貧困を脱出できないのか」という疑問をもったことがある人が少なくないだろう。貧困脱出は確かにさほど進んでいないという見方はできる。一方では、国内総生産（GDP）でみると、実は経済成長が進んでいる貧困国がないわけではない。他方、個人レベルでみたとき、国際的にも、各国のなかでも、富の分配には大きな格差があり、そしてそれは広がりつつある。オックスファムという国際NGOの報告書（'An economy for the 99%', 2017）によると、最富裕層の八人の資産総額は世界人口のうち所得が低い人々の半分の総資産額とほぼ同レベルである。また、世界人口の二〇パーセントの最富裕層は世界の富の九四・五パーセントを独占している。このように富の集中はとてつもないレベルに達している。

しかし、貧困脱出が進んでいないのであれば、それはなぜなのだろうか。「先進国による潤沢な開発援助」が供与されているというイメージはあるのかもしれないが、開発援助は果たして本当に豊富なのだろうか。また、貧困国の貧困脱出を妨げている他の問題も考えられないだろうか。本章では、貧困脱出を妨げる要因を挙げた上で、貧困の現実とイメージとのギャップを探る。特に、世界に対して我々がもっているイメージの形成において大きな役割を果たしているマスメディアを中心に考える。

1　現実——貧困脱出がなぜできないのか

貧困は非常に複雑な社会現象であり、その要因はグローバルなレベルから家庭のレベルまで密接に絡んでいる。したがって、「貧困脱出がなぜできないのか」という問いには簡単に答えることができない。しかし、貧困対策を妨げている大きな要因はある程度特定できる。ここでは貧困対策においてプラス効果があるはずの開発援助とその諸問題を取り上げ、貧困対策においてマイナス効果となっている貧困国からの不法資本流出と合法資本流出について探る。

援助

「先進国からの潤沢な開発援助を受けている」という前提（イメージ）を本章の冒頭で挙げているが、実のところ政府開発援助（ODA）は豊富なのか少ないのか。これはどのように考えればよいのだろうか。たしかに総額だけでみれば多くみえるのかもしれない。経済協力開発機構（OECD）開発援助委員会（DAC）事務局によると、二〇一四年の経済先進国のODA総額は一、五〇〇億ドルとなっていた。しかし、DAC諸国には日本のような経済大国もあればアイスランドのような小国もある。各国が援助に力を入れているかどうかについては総額よりも、むしろ総所得の割合でみたほうが理解しやすい。

だがその前に、どれほどのODAであれば妥当なのだろうか。一九七〇年の国連総会で採択された決議（総会決議二六二六（XXV））が参考になる。その決議では、経済先進国が自国の総所得（GNI）の〇・七パーセントをODAに割り当てるという目標が掲げられた。個人の「総所得」にたとえるとわかりやすいのかもしれない。二五万円の月収のある人が毎月一、七五〇円をどこかのチャリティに募金をするという計算になる。これはそれほど高い目標には見えないが、二〇一四年にこの目標を達成できた先進国はわずか五カ国（スウェーデン、ルクセンブルグ、ノルウェー、英国）に過ぎず、二二カ国は達成できていないというのが現状である（図1）。

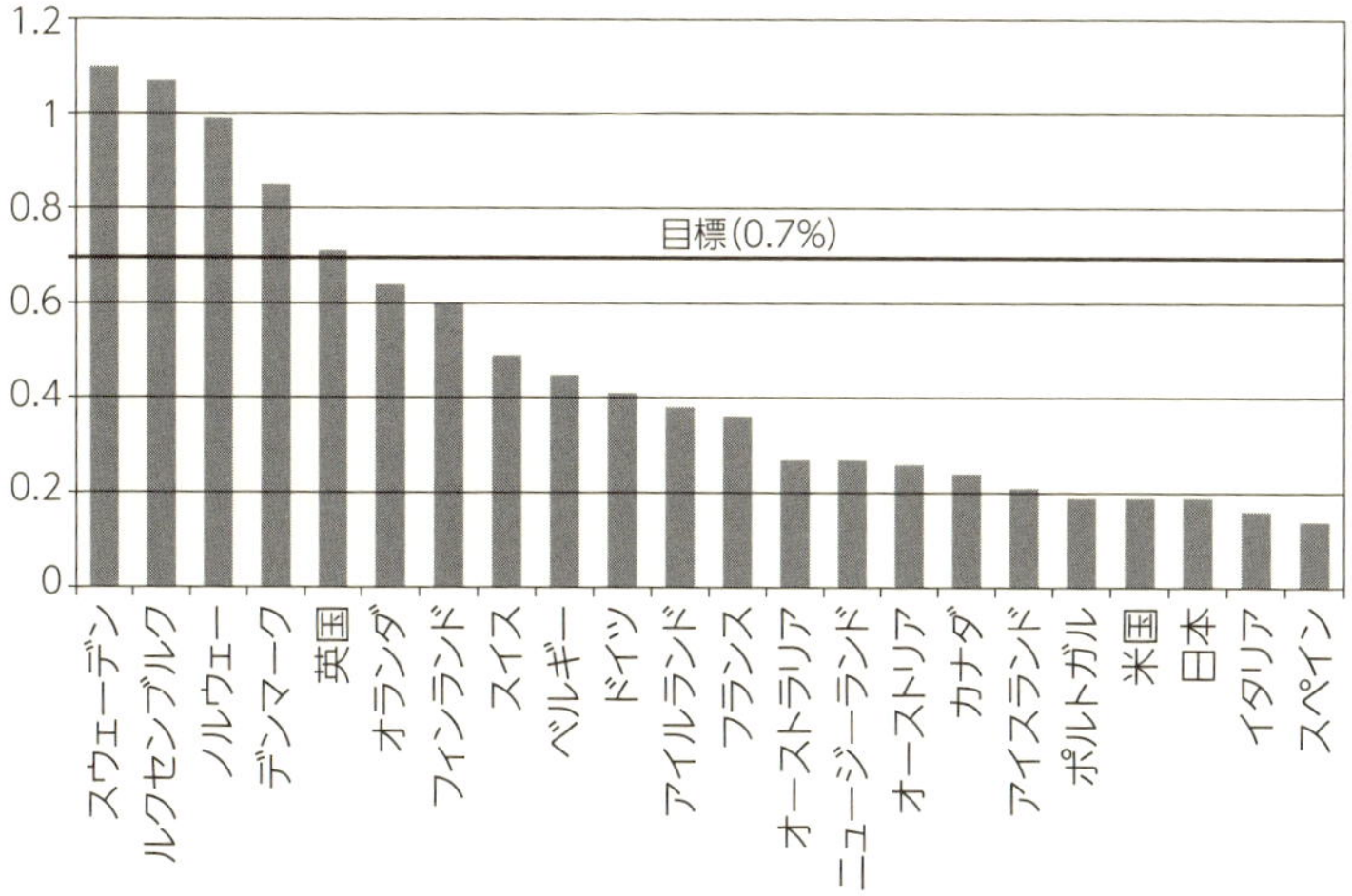

図１　2014年のOECDのDAC諸国による政府開発援助
(国民総所得の割合として)
出典：'Final Official Development Assistance Figures in 2014' OECD, 2015

経済大国であるアメリカと日本はいずれもＯＤＡの目標の達成度が低い。アメリカも日本も総所得の〇・一九パーセントしかＯＤＡに割り当てておらず、ＯＤＡを三倍に増やしても目標には届かない。経済大国こそがその義務を果たし始めなければ、開発援助のインパクトは限られたままであろう。

もちろん、ＤＡＣ諸国の総所得の〇・七パーセントという目標はすべてではない。そもそも、〇・七パーセントが目標となった根拠について疑問をもつ者はいる。また、貧困国に対して支援を行っているのはＤＡＣ諸国だけではない。中国や中東各国のような先進国とはいえない新興の援助国の動きも近年目立ってきている。また、国家レベルだけでみても現実はとらえられない。たとえば、先進国等で働く貧困国出身の移民や出稼ぎ労働者から母国の家族への送金の総額はDAC諸国のODAを上回ってさえいるのである。

また、援助は総額だけでみても、その効果を十分にとらえることができない。援助が行くべきところに届くかどうかがまず問題として挙げられる。援助を受け取る側でそれを管理するはずの政府関係者による横領などが援助の効果を大きく妨げることがある。ドナー側の動機と援助の仕方も援助の効果に影響する。「援助」というと、ドナーが見返りを求めずに一方的に支援をする「チャリティ」の響きがあるが、現実は必ずしもそう単純ではない。遠く離れた他国に対して、無償で大金を提供するという行為に疑問をもつ納税者・政治家は少なくない。その結果、ODAはチャリティ的な側面もあるが、ドナー側にとってもメリットがあるという「win-win」の仕組みとなっている事業が多々ある。たとえば、ODAでインフラ事業を無償で行う代わりに、その事業を実施するのはドナー国の建設会社となるといういわゆる「ひも付き援助」が有名である。現在、そのようなひも付き援助が減ってきているとはいえ、条件になっていなくても結果的にドナー国の建設会社がその援助事業を担うケースはいまだに多いのが実情である。

ODAを提供するにあたって「win-win」意識は仕方のないことなのかもしれないが、ドナー側にとっての「win」が優先され、援助を受ける側にとって本当は「win」になるどころか、その開発に逆効果をもたらしてしまう場合が発生する可能性は十分にある。たとえば、モザンビークでは、日本政府が日本の商社等と手を組み、土地を入手し、インフラも用意し、大豆を生産して日本に輸出するという大型ODA事業（ProSavana）を計画している。このODA事業がそもそもモザンビークの開発を優先したものなのか、日本にとっての低価格食料の確保を優先しているのか、にわかには明らかではないが、後者がどうしても目立ってしまう。この事業について、日本の国際協力機構（JICA）モザンビーク事務所の担当者はテレビ取材に対して、ためらいもなく「われわれもチーム日本の、いち営業マンだと思いますよ」（NHK、クローズアップ現代、二〇一三年五月三〇日放送）と認めていた。この事業については透明性が低く、不明な側面が多く残っているが、この事業はODAの名の元での大規模な土地収奪だと批判する者もいる。緊急支援においても問題が指摘されている。たとえば、自然災害等に対する食料支援において、アメリカは自国で生産された食料を無償で提供することが多いが、これは現地および現地付近での作物の市場価格を引き下げ、現地での復興と経済成長を妨げる場合が少なくないと考えられている。現地のニーズを優先するのであれば、現地になるべく近いところでの物資調達が望ましいといえるのではないだろうか。

不法資本流出

上記にあるように、開発援助は必ずしも「潤沢」ではないが、たとえ潤沢であったとしても、援助だけでは貧困脱出はできない。持続可能な開発を実現するには貿易や投資こそが必要不可欠なのである。「援助ではなく貿易だ」（"trade not aid"）という格言が幅広く掲げられているぐらいである。しかし、貿易や投資にも貧困国にとっての落とし穴がたくさん潜んでいる。

貧困国で経済活動を営んでいる外資系企業による脱税がその最大の落とし穴だといっても過言ではない。貧困国では多くの外資系企業が納税を抑えるためには様々な不法な方法を用いていると思われている。天然資源あるいは製品を輸出する企業の場合、利益を低くみせるために、採掘・生産にかかったコストを高くみせたり、あるいは輸出価格を低くみせたりすることが代表的な手口だと考えられている。そうしたなか、不正な貿易価格設定（trade mispricing）も目立つ。たとえば、図2のように、貧困国で鉱物資源を採掘する外資系企業がその鉱物を輸出するときに、まず税率がきわめて低い「税金逃避国」（tax haven）に構えている子会社・関連会社に相場よりはるかに低い価格で「販売」し、貧困国での輸出にかかる税金を逃れる。次には、税金逃避国でその子会社・関連会社がその鉱物の価格を正常に戻し、実際の顧客のある国に「転売」する。鉱物そのものは税金逃避国を経由することなく、貧困国から直接顧客に運送される。

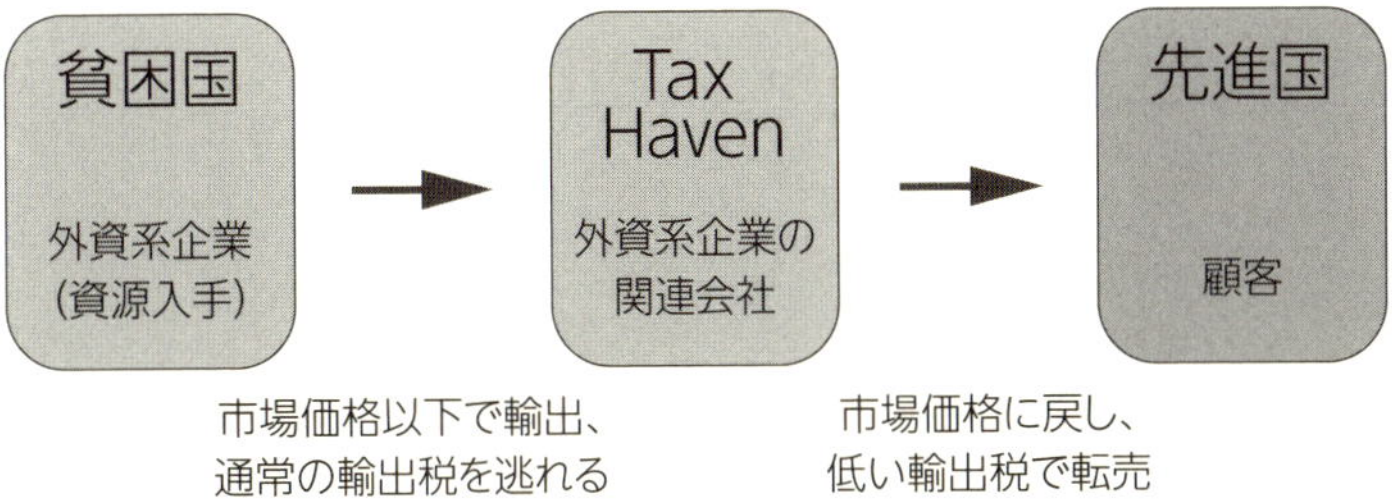

図２　不正な貿易価格設定の流れ（事例）

また、間に入っている会社が関連会社であるという事実を隠すためには、ペーパーカンパニーを立ち上げたり、複数の会社を複雑に関連づけたりすることが多い。被害を受けている貧困国はこのような脱税を取り締まるほどの予算や人材を揃えることができず、そして金銭的な見返りを得て政府の内部で外資系企業に加担する者が介在している場合もある。このような不法資本流出はいくつかの限られた「悪質な」企業による行動だと思われがちだが、被害総額はこの手口がいかに広く用いられており、それがいかに重大な問題なのかを物語っている。発展途上国で行われている不正な貿易価格設定による被害総額はＯＥＣＤのＤＡＣ諸国によるＯＤＡ総額の数倍も上回っている。

また、不法資本流出は不正な貿易価格設定だけの問題ではない。実際、貿易価格が不正に設定されているといっても、それは正規なルートによる貿易であり、正規な価格を操ることによって脱税するといった手口で行われる。しかし、関税そのものを完全に回避してしまう不正規なルートを利用した貿易、つまり密輸、という問題もある。これは外資系企業というよりは犯罪組織が行うものである。さらに、貧困国での政府関係者が政府からお金を横領し、もしくは外資系企業から賄賂を受け取り、先進国の銀行に蓄えるという不法資本流出のパターンもある。これは先進国の銀行の協力（積極的に関与する、もしくは目をつぶること）なしには成り立たない手口だともいえる。では、どの問題がもっとも深刻なのだろうか。不法資本流出問題の抑制に取り組んでいる民間団体グローバル・フィナンシャル・インテグリティによると、世界の発展途上国からの不法資本流出の約六〇～六五パーセントは不正な貿易価格設定、三〇～三五パーセントは密輸などの犯罪組織による活動、そして約三パーセントは政府関係者の横領等の問題で構成されている、とのことである。

合法的資本流出

不法資本流出以外に、特にどこの法律にも違反はしていないものの、貧困国が経済的に不利になる様々なシステムが国内外で大きな問題となっている。「アンフェアトレード」（不公正な貿易）はその主要な課題であり、様々な側面をもっている。また、累積債務問題など、貿易関連以外の問題も存在する。基本的に先進国およびその他の大国（中国、インド等を含む）の政府や企業と貧困国の政府や国民との力関係がこれらの問題の背景にある。

貧困国から輸出される天然資源・農作物、製品等の安さはアンフェアトレード問題を物語っている。これは決して貧困国での物価の安さだけの問題ではなく、全般的な労働条件問題（低賃金や労働環境等）や売買品の価格設定の問題となっている。農作物やその他の天然資源の取引において、価格設定は市場で決まるが、このプロセスにおいて基本的に力を握っているのは買い手であって、貧困国で農業を営んでいる人々は自分の作物を決められた価格で売らざるを得ない場合が多い。売り手がすでに貧困の状態にある場合はより高い価格で売れるまで待ったり・交渉したりする余裕・力がほとんどなく、言われた通りの価格で売るしかない。場合によっては契約売買というシステムが用いられ、特定の農作物を作ってほしい外資系企業が農民と契約を結び、種苗や農薬のローンを提供し、農作物を買う保証をする。一見すると農民にとっても安定した収入につながるよいシステムのようだが、収穫時の市場価格によって、農民に利益がほとんど残らず、逆に借金地獄に陥ることも少なくない。

アルジャジーラのドキュメンタリーがマラウイでのタバコ栽培を事例にこの問題に着目している（People and Power: Malawi's Children of Tobacco、二〇一四年一月一六日放送）。イギリス、アメリカ、日本の大手タバコ会社がこの業界の大部分を占めており、契約栽培でタバコを農民から買っている。しかし買い手が決める価格がきわめて低いため、農民は種苗・農薬等のローンを返済した後、生活費に必要な利益がほとんど残らない。また、収穫時の忙しい時期、労働力を増やす金銭的な余裕がないため、仕方なく自分の子供を労働力として利用することが少なくなく、児童労働および教育の問題も絡んでくる。さらに、作業中に葉っぱからニコチンを吸収するため、健康問題の原因にもなっている。

このような問題を生み出しているのは外資系企業と貧困国の農民・労働者との力関係だけではない。労働条件や貿易を規制するはずの現地政府による法整備にも大きな問題がある。たとえば各国の法律で決まっている最低賃は貧困国の場合、実際生活できるレベル以下で設定されることが多い。したがって、最低賃金を払う企業は法には触れてはいないものの、労働者は貧困の状態から脱出することが困難となる。最低賃金の額が経済全体の現状に左右されることは仕方のないことかもしれないが、政府による法整備にかかっている問題でもある。また、農作物や鉱物資源を買い取る最低の価格の設定や税制も、現地政府が外資系企業から自分の国民や経済成長を守る措置となっている。しかし、輸出する資源にかけている税金収入への依存度が高い貧困国では、有効な対策が取れていないことも多い。多様性が低い限られた第一次産業に頼っている国では、その買い手（外資系企業）の行動が経済全体に大きな影響力をもっているため、その買い手の機嫌を取るような価格設定・税制・労働条件になりやすい。大国等の外資系企業にはやさしい、そして自国の貧困層には厳しいシステムがこのようにでき上がってしまうのである。

先進国の政府に関しても、開発や貧困脱出を妨げる政策が問題となっている。自国産業を守るため設けている大型の農業助成金が挙げられる。アメリカでは自国の綿花産業を守るために莫大な助成金をかけているため、本来価格競争でアメリカに勝てるはずのインドや西アフリカでは綿花産業が競争できなくなっているのが代表的な事例である。日本を含む多くの先進国ではこのような巨額の農業助成金が目立つ。先進国が輸入品にかけている関税も問題視されている。貧困脱出を狙う国にとっては利益が少ない第一次産業への依存度を減らし、第二次産業を発展させ、付加価値がついた商品を輸出することが望ましい。しかし、多くの先進国では、原料に対してならば関税をほとんどかけないが、手を加えられた製品となると高い関税をかけるようにしている。つまり、安い原料の状態で輸入でき、利益が高い付加価値を付ける作業は国内で行うという状態を促進させる政策となっている。

今日では上記のような問題に対する意識が多少は高まり、草の根レベルでの対策として「フェアトレード」（公平な貿易）という動きが普及し始まっている。原料や製品を適正な価格で取引し、貧困国での労働者の人権や労働条件を守り、改善する貿易の仕組みとなっている。しかしフェアトレード運動にも課題が山積みである。まず、フェアトレードという概念には誤解されている部分がある。特に、フェアトレードは貧困国での労働者を「サポート」する善意の現れ、つまりチャリティ的な行為だと思われがちである。しかし、フェアトレードはあくまでも「アンフェアトレード」というべき搾取、あるいは不公正な一連の行為をやめさせ、売り手の当然の権利を守ることを指しているに過ぎない。つまり、フェアトレードは貧困国の労働者に対して「いいこと」をしてあげているのではなく、これまでしてきた「悪いこと」をやめることを意味する。しかもフェアトレードが占めるのは貧困国との貿易のほんのわずかな部分に過ぎず、引き続き貿易の大半はアンフェアな貿易になっていることも否めない。また先進国のなかでも企業および消費者がもつフェアトレードに対する意識には大きな差がある。日本ではその意識が特に低く、フェアトレード商品の消費量がもっとも高いイギリスの数十分の一というレベルなのである。また、フェアトレードと呼ばれている商品は果たしてどこまで現実に「フェア」なのだろうか。国際フェアトレード認証というシステムが存在しており、様々な条件を元に、フェアかどうかが決まるが、疑問が残るものも少なくない。たとえば、上記のアルジャジーラのドキュメンタリーでは、フェアトレードの紅茶畑で三年間共働きをしてきた夫婦もインタビューされていた。自分たちはタバコを栽培する農家のひどい状況よりは生活がいいと主張していたが、「自転車やラジオを買いたい。家を建てたい。頑張ればいつかはその夢が叶う」とも言っていた。フェアトレード認証の農場で働いても、ラジオや自転車を買うことが「夢」となっていることは生活水準の低さを反映しているとも言える。

最後に累積債務問題が挙げられる。貧困国が抱えている多額な債務の背景には一九七〇年代のオイルショックや冷戦がある。オイルショックの結果として、石油価格の上昇が貧困国の経済に大きな打撃をもたらしたが、同時に貧困国の売買品に対する先進国での需要が縮小した。経済危機に陥った貧困国は多額なローンを借りざるを得なくなった。さらに、冷戦の一環として、アメリカもソ連も各同盟国の独裁政権を支えるために多額なローンを与えた。それらの独裁政権はそのローンを自国の開発よりも、政権維持や自身の財産増加や貸す側の武器購入等に使用されていたということが貸す側も借りる側も暗黙の了解があったといっても過言ではない。横領されたローンが貸した同じ先進国の銀行に預金として戻ってきたケースも確認されている。冷戦が終わり、そしてその多くの独裁政権も終わったが、債務とその高い利子が残り、貧困国は現在もその返済に追われ続けている。二〇〇〇年代に累積債務問題が注目されるようになり、多くの債務が取り消されてきたが、冷戦時代の疑わしい債務がまだ一部残っており、そして新たなローンも組まれ続けている。

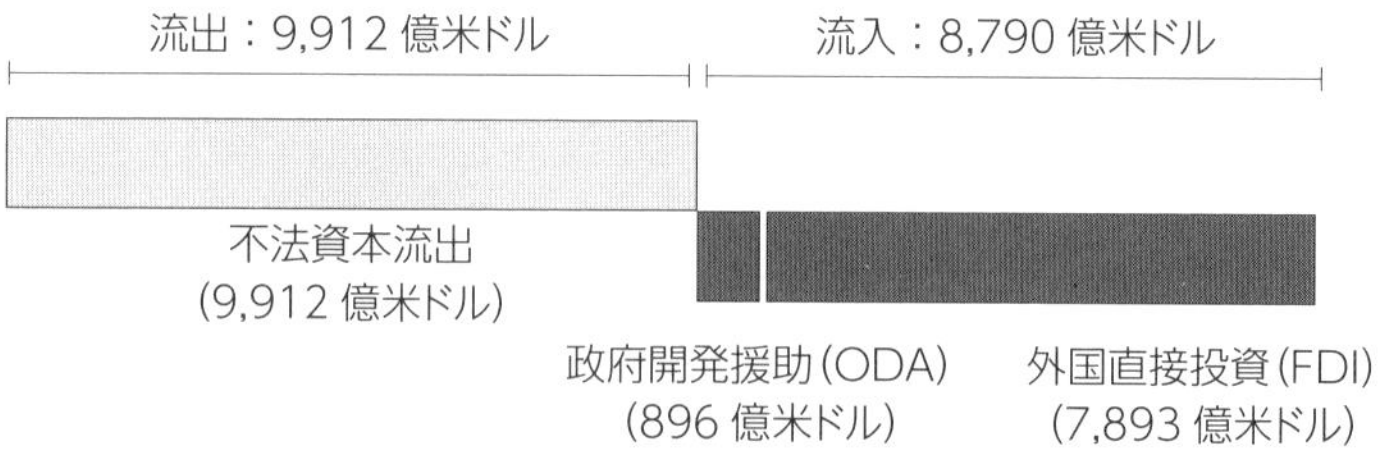

図 3　発展途上国における不法資本流出と ODA/FDI（2012 年）
出典：Dev Kar and Joseph Spanjers, 'Illicit Financial Flows from Developing Countries: 2003-2012', Global Financial Integrity Report, December 16, 2014

収支

先進国から貧困国に与えられる「援助」は必ずしも豊富とはいえず、そしてその援助に関しても受ける側よりも与える側の開発を優先しているともいえる場合がある。逆に貧困国から流出していく原因となっている外資系企業による脱税、アンフェアトレード、累積債務の返済などが依然として大きな問題である。世界の発展途上国における外資系企業による脱税という不法資本流出の総額だけで、同諸国に入ってくる援助の総額を上回っていることは多くの調査では確認されている。しかし、貧困国に入ってくるお金は援助だけではない。貿易や外国直接投資（ＦＤＩ）によって、貧困国に資本が流入しており、貧困脱出を考えるためにはより包括的な「収支」を考慮する必要がある。前述のグローバル・フィナンシャル・インテグリティの調査で明らかになっているのは、発展途上国に流入している政府系の開発援助（ＯＤＡ）と外国直接投資（ＦＤＩ）を足しても、その総額は発展途上国から流れていく不法資本流出の総額を下回っているという現実である（図3）。

さらに包括的な統計は、援助、ＦＤＩと不法資本流出だけでなく、貿易、借入れ、債務返済、海外の銀行への預金、出稼ぎ労働者等からの送金なども考慮している。これらの指標をサハラ以南アフリカの三三カ国に適応した調査では、一九七〇〜二〇〇八の資本逃避の総額は七、三四九億ドルにも上っていた。つまり、サハラ以南のアフリカに入ってくる資本より出て行く資本のほうが多く、総合的にみるとサハラ以南のアフリカの国々は世界に対する債権諸国となっている。この視点からみれば、アフリカのような貧困を抱えている地域の貧困脱出が実現できるどころか、先進国やその他の大国との貧富の差が広がりつつある事実が決して不思議でなく、むしろ当然の結果だともいえる。

2　イメージ：情報不足、情報の偏り

多くの人は援助というものに疑問を感じたことがあり、そして「フェアトレード」という言

葉を聞いたことはあるのかもしれない。しかし、不正な貿易価格設定による不法資本流出がそこまで大きな問題になっていることを知っているどころか、この問題自体について知らない人が大半なのではないだろうか。我々がもっている貧困とその要因、対策などに対するイメージが現実から大きくかけ離れているかもしれない。そうだとすると、私たちがもっているイメージの形成にどのような問題があるのだろうか。マスメディアを中心に探る。

知られざる世界

「グローバル化」という言葉は確かな世界現象を表している。モノとカネは勢いよく越境し、より遠くまでより早くより安く動いている。ヒトも、モノとカネほどではないが、移民、出稼ぎ労働、難民、出張、旅行という様々な形でその動きが激しくなっている。情報通信もこの数十年の間、技術の側面では大きな進歩を果たし、現在は文字、音声、映像を問わず、リアルタイムで世界各地のあらゆる情報をわずかなコストと手間で発信・受信できるようになっている。我々がアクセスできる情報量は史上最大になっている。しかし、アクセスが可能だからといって、我々がアクセスするとは限らない。パソコンやスマートフォンでインターネットにアクセスし、サーチエンジンにキーワードを入力するだけで、世界でのあらゆる場所、出来事、問題、現象について情報収集ができるといっても、実際のところ、我々が得ている世界に関する情報のほとんどはマスメディアから受動的に入ってきている。マスメディアは世界に関する膨大な情報を収集、整理、分析し、優先順位をつけて我々に提供する。特派員などを通じて自ら情報収集をしなくても、通信社から情報を入手し、提供してくれる。

しかし、報道機関はどこまで世界に関する情報を提供してくれているのだろうか。グローバル化と情報通信技術が進んでいるにもかかわらず、国際報道は乏しいといえる。グローバル化が進んでいるといっても、国家中心主義・自国中心主義のイデオロギーは各国の社会に根強く残っており、マスメディアもこのイデオロギーを元に報道活動を行っている。報道関係者による報道価値についての判断において、国境線、国籍がきわめて重要な要素になっており、多くの場合、特定の出来事、人間について報道するかどうかは自国内のものか自国外のものかにかかっている。報道の大半は国内の出来事・現象に関する情報で占められており、国外の出来事・現象に関しても、自国との直接的な関連性の強いものが圧倒的に優先されている。報道がボーダレスになりつつある世界を反映しているどころか、外の世界の存在自体がなかなかみえてこないというのが現実である。日本のマスメディアの場合、媒体を問わず、国営・民営を問わず、国際報道が報道全体の一〇パーセントを越えることはほとんどない。たとえば、図４にあるよ

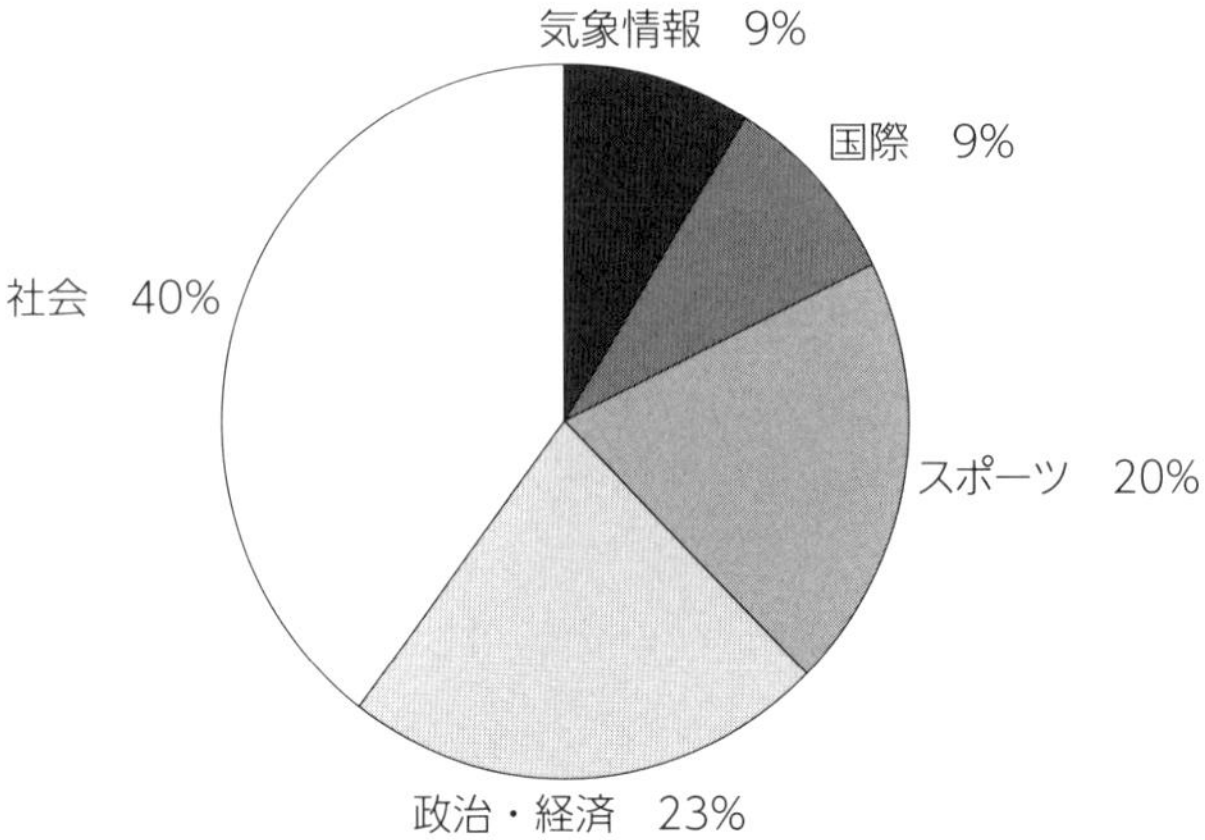

図４　NHK「ニュースウォッチ９」：放送時間でみた内容
（2012年１～６月分）

うに、著者が行ったＮＨＫの「ニュースウォッチ９」に関する調査では、国際報道は報道時間全体の九パーセントに過ぎなかった。これはスポーツ報道の半分以下であった。入手可能な情報が溢れているなか、国際報道を妨げてきた一つの要因は紙や時間を割くコストだったが、オンライン発信を通して低コストでの発信が可能になって現在も、インターネット媒体においても国際報道が乏しいままなのである。たとえば、著者の調査（二〇一〇年分）では、Yahoo! Japanニュースでは国際報道は主要ニュースの十パーセントに止まった。

　他の先進国に比べて、日本の国際報道が特に少ない。たとえば、アメリカの主要テレビ局が放送するニュースにおいて国際報道は全体の二〇パーセントを越えており、日本の倍以上となっている。しかし、皮肉なことに、アメリカにおいても冷戦中に比べて国際報道が確実に減っている。冷戦後の世界では、アメリカにとって世界全体の政治的・戦略的価値が減少し、政府に合わせるかのように、報道機関においても世界への関心が減っていった。アメリカで起きた二〇〇一年の同時多発テロの事件によって世界への関心が少しは復活したものの、その関心は地理的に限られており、冷戦中のレベルまでには復活していない。他方、いくつかの「グローバルな」報道機関が存在する。CNN、BBC、アルジャジーラがその主要なものとなっている。いずれにおいても、設立時の地理的・文化的背景からは切り離すことができないものの、一つの国を中心に報道をしているのではなく、「世界」を全体的にみて報道しているものである。しかし、このような報道機関が少なく、例外的なものといえる。

知られざる貧困国

貧困・開発等の問題が十分にみえていないのは乏しい国際報道の量のためだけではない。国際報道においては地理的そして経済社会的な偏りも大きいのである。報道される国・出来事とされない国・出来事には大きな格差があり、貧困国に対する報道はきわめて少ない。国内報道の場合、事故や事件などが報道されるかどうか、そしてどれほど報道されるかはその規模（死傷者数や影響を受けた人数）によって大きく影響される。しかし、国外の報道になると報道の条件が大きく変わる。事件や事故の報道は規模で決まるのではなく、どこで起きたか、そしてその被害者・関係者はどこの人なのかで決まることが多いのである。国外の出来事が報道に値するかどうかの判断の背景には、自国との貿易量、自国との人種的・歴史的・言語的・文化的つながり、そして対象国自体の規模（経済力、面積、人口等）という指標が多くの研究の結果で挙げられてきた。このように、対象国が自国にとって「重要」かどうかで報道の有無が大きく左右されるのであれば、当然、貧困国に対する報道が少ない結果になることだろう。

上記の理由からアフリカは報道量のきわめて少ない地域になってしまう。先進国との貿易量が比較的に少なく、人種・文化的なつながりが薄く、そして経済力が弱い。欧州の国々によっては、歴史的・言語的なつながりがあり、これはある程度、報道量には現れている。たとえばフランスやポルトガルでは、旧植民地に対する報道量は他のアフリカの国々よりは多い。しかし全体的に報道においてアフリカは軽視されている。著者の独自の調査では、アメリカ、イギリス、フランスの主要な報道機関において、アフリカに関する報道は国際報道の六～九パーセントを占めていた。日本の報道機関ではさらに少なくなってしまう。同調査では読売新聞によるアフリカ報道は国際報道の二パーセントに過ぎなかった。先に取り上げたＮＨＫの「ニュースウォッチ９」においても、同様の傾向が見受けられる。二〇一二年の半年分の報道に関する調査では、唯一報道されたアフリカの出来事はエジプトで起きていた政治危機であった。エジプト以外のアフリカ五四カ国に関する報道はゼロであった。

報道の格差は貧困とも密接につながっている武力紛争や難民に対する報道量からでも確認できる。冷戦後の二五年間で世界の紛争による死者数の大半はアフリカの紛争が占めている。しかし先進国でのアフリカの紛争に対する報道がきわめて少ない。欧米の軍事介入があった紛争（イラク、アフガニスタン等）や、死者数が比較的に少ないヨーロッパでの紛争（バルカン半島、ウクライナ等）への注目度がアフリカの紛争より何倍も多い。イスラエル・パレスチナの紛争は報道において特別な存在である。規模（死者数）が比較的に小さい紛争にもかかわらず、メディアによる注目度が非常に高いからである。著者が行ったオーストラリアの新聞に関する調査（二〇〇七年分）では、アフリカのすべての武力紛争に関する報道を足しても、イスラエル・パレスチナの紛争に関する報道を下回っていた。アメリカの報道関係者の間に、「一人のニューヨークの消防士の命の価値は、五人のイギリスの警察官、五〇人のイスラエル・パレスチナ人、そして五〇〇人のアフリカ人の命に値する」という言い伝えがあるとされている。しかし実際の報道量と死者数を照らし合わせてみると、報道の世界では「五〇〇人のアフリカ人の命」の

「価値」はそんなに高くないのが明らかである。難民に関しても、シリアなどから西ヨーロッパまでたどり着いた難民は、人数がそれなりに多ければ欧米でも日本でも大きく報道されるが、ヨーロッパに渡っている難民の人数より何倍も多く中東諸国にとどまっている難民の問題はさほど報道されない。またアフリカでの紛争によって発生している難民が何人になっても、その報道は皆無に近い。

上記のような報道の格差の背景には複雑な問題が存在するが、人種と社会経済地位の差が主要な原因として挙げられる。結果的に少ない国際報道のなかでも、貧困国での現状に関する報道が極めて低い扱いになるのである。

知られざる貧困の問題

貧困国についての報道が乏しい状況のなかで、貧困について我々がもっているイメージはどのようにつくられるのだろうか？　貧困国と同様に、貧困に関する報道は少なく、断片的なものである。そもそも、貧困という現象が報道に向いていないという問題がある。報道の対象となるのは基本的に目に見える行動・出来事であって、貧困のような進展がさほどないまま長年続く現象・プロセスは報道の対象になりにくいのである。同じ原理で、ガンの犠牲になる人よりは交通事故の犠牲者のほうが報道の対象になりやすい。そこで、貧困関連の報道は変わらぬ貧困の現状、あるいは貧困を生み出す仕組みの理解を促進させるものよりも、アクションを伴う「対策」（援助物資が渡される場面）のほうが注目を集めやすいのである。さらに、ストーリー性のある報道を重要視するマスメディアからみて、視聴者の気が重くなるような貧困の厳しい現実を見せて終わりにするのではなく、希望を与えるような、改善・解決に貢献できそうな貧困対策も望ましいともいえる。

しかし、貧困への対策が注目される理由は、報道機関の都合でアクションと希望が必要だからということだけではない。自国中心主義と愛国主義も大きく絡んでいる。自国中心主義を重要視するマスメディアは、貧困を報道するかどうかは「我が国」の人が関わっているかどうかで決まることが少なくない。したがって、貧困問題が報道される場合、援助に関わっている自国の政府関係者や自国のNGO団体や職員がその「貧困ストーリー」の主役となり、貧困を生きている人の声が聞こえてこない。また、愛国主義も反映させているため、自国のイメージやプライドの観点から都合の悪いアンフェアトレードや自国企業による脱税には着目せずに、自国による援助の成果が報道のメインとなる。結果的に、貧困関連の報道において「恵まれない人たちを助けるあげている自国の立派な人たち」というパターンが目立つ。これは報道だけで

報道される	報道されない
貧困対策	貧困の現状・原因
自国政府によるODA	貧困国が不利な貿易ルール
自国企業のビジネスチャンス	不法資本流出
フェアトレード	アンフェアトレード
恵まれない人を助ける自国の団体、個人	貧困の背景にある自国での消費行動

図5　貧困問題で報道されるものされないもの

はなく、貧困国が登場するバラエティ番組も基本的に同様のストーリーで成り立っている。たとえば、テレビ東京の「世界ナゼそこに？日本人」という番組は、そのホームページに掲載されている番組概要には「海外での日本人の活躍に共感し、日本人であることに誇りを持って、日本を応援するドキュメンタリバラエティ！」となっている。自国の政府・団体・個人が貧困をなくすための努力しているという側面が大きく伝わるが、貧困の現実および貧困を存続させている自国の企業の行動や世界のアンフェアな政治・経済システムについてはほとんど伝わらない（図5）。

貧困問題が十分に理解されない背景には表現の問題もある。貧困と開発の分野で使われているいくつかの主要な表現や言い回しは現状について誤解を招くといえる。これらの言葉の共通点としては、「現状は改善に向かっている」という前向きな印象を与えるものである。たとえば、「発展途上国」という言葉は（工業）先進国の反対の言葉として使われているが、これは決して中立な言葉ではなく、これらの国の発展がよい方向に進んでいるという明るい展望が大前提となっている。しかし、一九七〇年代から数十年に渡り、アフリカの一人当たりのGDPが下がっていたという事実があり、現在の資本流出も深刻な問題となっている。アフリカは「発展途上」だといえるのだろうか。より中立な言葉を代わりに使う必要があるのではないのだろうか。また、貧困に苦しむ人たちに対して「恵まれない人」という表現がよく使われるが、ただ単に「運が悪い人」というニュアンスとなっている。国際政治・経済システムの構造上（力関係）、このような人たちがいくら努力しても、その状況からなかなか抜け出せないという現状がこの言葉からは当然察知できない。貧困という現状の改善のために、我々ができることは「国際貢献」だと度々挙げられるが、この言葉には罪のない先進国がチャリティ精神から「恵まれない人たち」を助けてあげるというニュアンスが強い。むろん、先進国の企業による脱税問題や、我々の消費行動がもたらす貧困国への悪影響といった負の側面がきれいに隠れてしまっている。そういう意味で「フェアトレード」という言葉の普及は上記のような「きれいごと」を乗り越えることに貢献できるのかもしれない。しかし残念ながら、「フェアトレード」ですら、なぜかチャリティ的な意味合いをもってしまっているようになっており、「フェアトレード」というのはあくまでも「アンフェアトレードをやめる」ことだという意味が十分に浸透していないようにみえる。

世界の現実の客観的な直視へ

先進国とその他の新興大国との関係において、貧困国とその住民が直面している負の側面は計り知れないといっても過言ではない。外資系企業が貧困国から輸出する資源や製品の不正な貿易価格設定などの脱税によって、莫大な資本が貧困国から流出しており、そして合法的な貿易システム、ルール、価格設定においても、先進国と貧困国の力関係が反映される不公平な貿易（アンフェアトレード）が例外ではなくむしろ常態化していることも指摘できるかもしれない。このような問題によるモノやカネの流出に比べて、現在先進国が提供している開発援助はきわめて少ない。外国直接投資の総額やその他の流入を足しても、流出がはるかに上回っている。貧困は非常に複雑な現象であり、資金を割り当てても簡単に解決・改善できるものでないが、真の貧困対策のためには、先進国側からは開発援助といった「国際貢献」よりも、自国の拠点を構える企業による不正への対策や国際貿易ルールの改正に力を入れたほうが効果的であろう。

しかし上記のような「現実」はほとんど知られていない。開発援助のことは度々目にするかもしれないが、不法資本流出やアンフェアトレードについては情報を得る機会は稀である。世界に関するアクセス可能な情報量が溢れ、そして情報処理・分析・発信・受信する能力が史上最大の時代でこれは奇異なことである。その背景には自国中心主義のイデオロギーにとらわれ続けているマスメディアがある。国際報道はきわめて乏しく、そしてそのなかでも報道機関にとっては貧困国の報道価値が低い。また「貧困」という問題が報道の対象になったとしても、自国の組織・人間が絡んだ前向きな視点を中心に語られることが多い。客観的な現実を直視できなければ、問題を理解することも、有効な対策を生み出すこともできない。マスメディアが近い将来にグローバル化という現実に目覚めることを期待したいところである。

第9章

経済発展と産業構造変化

大槻　恒裕
新開　潤一

世界には文化、政治、所得水準などの面で異なる様々な国が存在する。しかし、もし経済発展が一人当たりGDPの成長などの指標で測られる経済成長に限定されるものではなく、貧困、不平等および環境問題の克服や健康な生活の実現なども含む、包括的な社会の発展という広義の定義に基づくものであるならば、おそらくすべての国が経済発展を目指していると言ってよいであろう。二〇一五年に一九三の国連加盟国が合意した「持続可能な開発のための二〇三〇アジェンダ」で環境、社会、経済をバランスした持続可能な開発のための行動計画が示されており、それに基づき「持続可能な開発目標（Sustainable Development Goals：SDGs）」で具体的目標が設定されている。このような潮流のなかで、どのような経済発展を目指すべきかは重要な問題であり、経済発展が貧困や環境問題など、社会問題を克服するものであるかをそれぞれの基準に沿って評価していく必要がある。

しかし、これらの問題が一定程度克服されたとしても、その一方で経済成長がなおざりになってしまっては経済全体が長期的に困窮することになる。経済成長と貧困との関係についての実証分析の多くは、経済成長が貧困克服に不可欠であることを示していることからも、経済成長の役割を軽視すべきではない。

したがって、経済成長の結果として、またはそれと相互連関的に起こる社会の変化を分析した上で、あるべき状態を目指す姿勢が必要である。

本章では、経済成長を中心に経済発展の中身の部分について詳しくみていく。経済成長と貧困、格差、環境など社会問題との関連を考えるにあたって、どのような産業を中心に経済成長が進展するのかを理解するのは重要である。本章では、まず、経済成長と貧困および格差の関係についての議論を整理する。次に、伝統的な経済発展のテーマである産業構造の変化と経済発展の関係を分析する。そのなかで、なぜ多くの開発途上国が、第一次産業から第二次産業への転換、すなわち工業化を目指すのか、また、工業化の段階においても、なぜ多くの国は、さらに高度な技術を用いた製品や先進国向けの製品の比重が高まるのか、すなわちなぜ産業高度化を目指すのか、などの問いについて考察する。さらに、経済成長の環境への効果や経済発展における環境の役割にも着目して考察を進める。

1　経済成長と貧困の克服

経済発展の狭義の定義である経済成長に限って考えると、経済成長が貧困者を含むすべての人々の生活を改善するという主張に対して懐疑的な見方は少なからず存在する。すなわち、経済成長は富裕層にのみ恩恵を与えるという見方も根強い。「持続可能な開発のための二〇三〇アジェンダ」でも「誰をも置き去りにしない」ことを強調しており、それはまさしく経済成長のなかで取り残される国や人々が存在したり、環境問題など放置されがちな社会問題が存在したりすることへの懸念が前提となっている。一方で、経済成長が貧困層の所得を上昇させることが、世界銀行の研究において実証されている。理論面でも、このように経済成長が貧困を減少させるメカニズムとして、トリクルダウン効果と呼ばれる概念がよく知られている。トリクルダウン効果とは、一国経済の競争力の高い部門が成長することにより、その波及効果により経済全体が豊かになるという効果のことを指す。経済成長の貧困減少効果に対する懐疑的な見方は、経済成長が所得格差を増大しうるという主張に基づいたものであろうが、経済成長が所得格差を縮小させる実証結果が乏しい一方で、それを増大させるという実証結果も同様に乏しい。経済成長が継続し、所得格差が一定であれば、少なくとも貧困者の所得も経済全体の成長率で増加していることになり、所得面での貧困の減少に寄与していることを否定するものではないことに注意が必要である。また、経済成長が公害などの環境汚染を引き起こすという指摘も経済成長に対する懐疑的見方につながるが、経済成長と環境問題については後ほど詳しく議論する。

2　経済発展と産業構造変化

本節では産業構造の変化と経済発展について考察する。経済の発展段階に伴って産業構造は変化するが、発展の初期段階では、経済は農林水産業のような伝統部門で構成されており、経済が成長するにつれて、農林水産業（第一次産業）から鉱工業（第二次産業）、そしてサービス産業（第三次産業）へと変化していく（ペティ＝クラークの法則）。経済の工業化とサービス化、発展段階と経済成長率との関係、そして産業構造変化を促す要因について説明する。

経済発展の初期段階では伝統的な農業部門が経済の大部分を占めている。基本的に、農業では労働と土地を利用して生産活動を行う。そのため生産量を増加させるには労働投入を増加させる必要がある。しかし農業では耕作に利用可能な土地が限られるため、労働投入を増加させると労働者一人当たりの収穫量は減ることになる（規模に関して収穫逓減）。また収穫量は天候にも左右されるため、農業の収益は基本的に不安定である。このように農業は労働集約的な部門であり、土地の制約によって生産量が労働投入の量に比例しない。そのため、労働者一人当たりの付加価値（これを労働生産性という）は低くなり、農業が経済の大部分を占める初期段階では経済全体の所得水準も低くなる。

経済が工業化すると、農業部門は縮小して近代的な工業部門が増大する。工業の特徴は、生産要素として労働と物的資本（工場や機械設備）を使用することである。機械を利用することで労働者一人でより多くの財を生産できるため、工業の労働生産性は高くなる。さらに工業部門は土地の制約を受けない。新工場の建設・機械設備の導入・労働投入の増加を通じて生産規模を容易に拡大できる（規模に関して収穫一定）。また、資本装備率（労働者一人当たりの物的資本）の上昇や最新技術の導入も労働者の生産性を上昇させる。このように工業では労働生産性が高いため賃金が高くなり、労働者は高賃金を求めて工業部門へと移動する。

さらに経済の成熟化が進むと、サービス部門の比重が高まっていく。サービスは生産と同時に消費されるという性質をもつ。そのため（金融など一部例外はあるが）サービス部門も基本的には労働集約的であり、工業部門のような資本設備による生産性上昇の恩恵を受けにくく、労

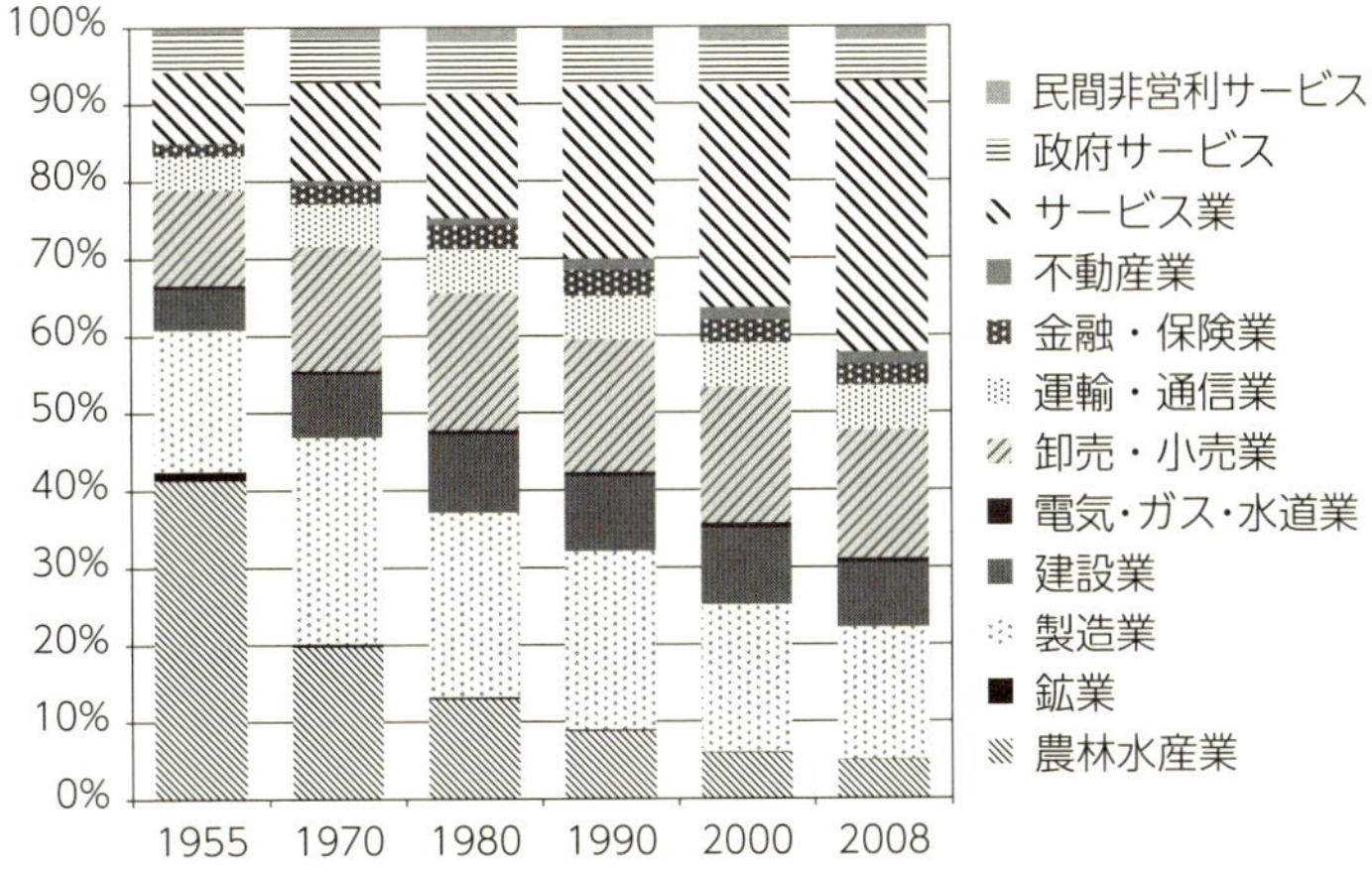

図1　日本の産業構造変化：1955年〜2008年

図は産業別の雇用シェアの推移を表している。産業分類は総務省の日本標準産業分類に従っている。ただしデータの連続性を保つために古い分類に合わせて調整している。出典：内閣府「国民経済計算」

働生産性が低い傾向がある。しかし、農業や工業製品の需要飽和や消費者の嗜好変化を受けて両部門では雇用が進まなくなり、労働者はサービス部門へと移動する。

経済発展の初期段階では雇用の大部分は農業部門に集中しているが、経済発展に伴って労働力は工業やサービス部門へと移動していく。産業別の雇用シェアの推移をみると、農業部門では一貫して減少し、工業部門では一旦上昇してから減少する山型となる。逆に、サービス部門では一貫して上昇する。なお、産業構造変化は各部門の付加価値シェアと雇用シェアの両方からとらえることができるが、ここでは、後述する経済成長率との関係のため、雇用シェアの観点から産業構造を説明している。付加価値シェアでみた場合、工業部門は他の部門と比べて生産性の成長率が高いため必ずしもシェアが低下する必要はない。

図1は、雇用シェアからみた一九五五年から二〇〇八年における日本の産業構造変化である。一九五五年における農業部門（農林水産業）の雇用シェアは約四〇％であった。しかし一九七〇年は約二〇％、一九九〇年は約九％、さらに二〇〇八年は五％と一貫して減少している。他方、一九五五年における工業部門（鉱業、製造業、建設業）の雇用シェアは二五％であったが、一九七〇年には三五％まで上昇した。そこから徐々に低下して、二〇〇八年は約二五％と一九五五年と同じ水準にまで低下している。一九五五年におけるサービス部門（電気・ガス・水道、卸売・小売、運輸・通信業、金融・保険業、不動産業、サービス業）の雇用シェアは約二八％であったが、一貫して上昇しており、二〇〇八年には六二・五％まで拡大している。このように日本経済はすでに経済のサービス化が進み、雇用の六割以上がサービス部門に属していることになる。

産業構造変化と経済成長

産業構造変化の変化は経済成長率にも影響を与える。産業構造変化が経済成長に与える効果をみるために、ここでは労働生産性の観点から経済成長を考える。労働生産性は労働者一人が生み出す付加価値であることから、経済全体の労働生産性はGDPを雇用者数で割ったもの（＝GDP／雇用者数）で表すことができる。また、それは、各産業の労働生産性に産業別の雇用シェア（経済全体の雇用者数と各産業の雇用者数との比率）を掛け、それらを足し合わせたものに等しくなるので以下の関係式を得る。

経済全体の労働生産性　＝　Σ（各産業の労働生産性　×　産業別の雇用シェア）

これより経済全体の労働生産性が成長するには、①各産業の労働生産性の成長、または②産業間の雇用移動による高生産性部門の拡大、が必要となることが示される。よって、産業構造変化は二つの経路から経済成長率に影響を与えるとわかる。

一つは産業シェア自体が経済成長率に及ぼす効果である。前述のとおり、農業部門は労働集約的であり、さらに利用できる土地が限られているという土地の制約もあるため労働生産性の成長率が低い。他方、工業部門は資本集約的であり、資本装備率の上昇や最新技術の導入を通じて労働生産性の成長率が高くなる。そのため成長率が低い農業部門から高い工業部門へと雇用が移動して工業部門のシェアが拡大すると、高成長部門の拡大により経済全体の成長率は上昇する。

サービス部門は農業部門と同じく労働集約的であり、また計測の問題もあるため労働生産性の成長率が低い。工業部門からサービス部門へ雇用が移動すると、工業化のケースとは逆に、低成長率の部門が拡大することで経済全体の成長率も低下することになる。この関係はボーモル効果として知られている。

もう一つは産業間の雇用移動が経済全体の生産性に与える効果である。経済全体の労働生産性は各産業の労働生産性に雇用シェアを掛けて合計したものなので、低生産性部門から高生産性部門へと雇用が移動すると、シェアの変化に産業間の生産性格差を掛けた分だけ経済全体の労働生産性は拡大することになる。労働集約的な農業部門では労働生産性の水準が低く、資本集約的な工業部門では水準が高いため、発展の初期段階で雇用が農業から工業へ移動すると、雇用移動による規模拡大の効果が生じる。特に、産業間の生産性格差が大きい国ほど、その効果が大きくなる。

逆に、工業部門からサービス部門へ雇用が移動する経済発展の成熟段階では、経済規模を縮小させる効果が生じる。McMillan and Rodrik（2011）は、一九九〇年から二〇〇五年における産業間の雇用移動による経済成長への効果を計算している。その結果、先進国ではサービス化により経済成長に負の効果、新興国ではアジアで正、ラテンアメリカやアフリカで負の効果が生じていることを報告している。より包括的な研究として、Duarte and Restuccia（2010）などが各国の所得水準と産業構造、そして経済成長率との関係はシミュレーションを用いて分析している。

これら先行研究をもとに産業構造変化による経済成長への効果は次のようにまとめることができる。発展の初期段階では産業の大部分が農業部門で構成されているため、経済全体の所得水準が低くまた経済成長率も低い。そして工業部門へ雇用が移動すると、高成長部門の拡大と高生産性部門の規模拡大による効果により経済の成長速度が高まる。さらに、サービス部門に雇用が移動すると、低成長部門の拡大と低生産性部門の規模拡大による効果により経済成長は鈍化する。

日本のデータからも同様の傾向がみられるだろうか。Kohsaka and Shinkai（2015）では日本の労働生産性成長を、産業別の生産性成長と産業間雇用移動による再配分効果とに要因分解しており、主な結果を表1に示す。高度成長期（一九五五–一九六九）における日本の労働生産性の成長率は九・七六％と非常に高かった。内訳をみると、六・二七％が各産業の生産性成

表１　日本の労働生産性成長

期間	労働生産性成長率	産業内生産性成長	産業間再配分効果
1955-69	9.76	6.27	3.49
1970-79	4.15	3.10	1.05
1980-89	3.26	2.73	0.53
1990-99	0.88	0.87	0.02
2000-08	1.16	1.49	-0.29

表は労働生産性成長率を産業内の生産性成長と産業間の再配分効果に要因分解したものである。数値は年代ごとの平均値である。
出典：Kohsaka and Shinkai（2015）

長によるもの、三・四九％が産業間の雇用移動による再配分効果であった。これは企業の積極的な設備投資や輸入技術の導入などによる生産性の大幅に上昇したことや雇用が生産性の低い農業から高い工業へと移動したことが要因である。

一九七〇年代に入ると高成長のメカニズムが失われ、一九七〇から八〇年代を通じて成長率は三～四％と鈍化した。そのうち生産性成長の寄与は三％程度、再配分効果は〇・五～一％程度であった。一九九〇年代および二〇〇〇年代の「失われた二〇年」では経済全体の成長率は一％程度とさらに低下した。主な要因は産業内の生産性成長が大きく減退したためであるが、再配分効果も一九九〇年代にはほぼゼロ、二〇〇〇年代に入ると負（マイナス〇・二九％）になったことも影響している。二〇〇〇年代に入ると、日本経済では雇用が低生産性部門へ移動していることがわかる。

産業構造変化の要因

続いて、産業構造変化を引き起こす要因を説明する。Baumolなどの研究によると主に三つの要因が挙げられる。一つは産業間の生産性成長の格差である。ある部門で生産性が上昇すると、より少ない労働投入で生産量を維持できるようになる。成長率の高い部門は労働投入を抑えられるため、成長率の高い部門から低い部門へ雇用は移動するのである。工業化の段階では、農業部門の生産性成長により少ない労働者数でも食料生産が可能となるため、工業部門が余剰な労働力を吸収する形で工業化が進展する。しかし工業部門の高い生産性成長は労働投入の節約を可能にするため、余剰になった雇用がサービス部門へと移動するのである。

Acemoglu and Guerrieri（2008）によると資本深化（資本集約度の上昇）も産業間の雇用移動を引き起こす。資本集約的な産業では労働力を機械設備で代替できるため、資本装備率を高めることにより労働投入を抑制できる。たとえば産業用ロボット導入など生産工程の機械化はブルーカラーの職を減少させ、ＰＣ導入によるオフィスワークのＩＴ化はホワイトカラーの職を減少させる。その結果、労働集約的な産業に雇用が移動することになる。

三つめの要因は、所得弾力性の産業別格差であり、Kongsamut et al.（2002）などの研究で詳細な分析がなされている。所得弾力性とは、所得が一％上昇したときに財・サービスの消費額が何%上昇するのかを表したものであり、さらに、所得弾力性の産業別格差は消費者の非相似拡大的な選好を意味する。ただし、所得上昇はすべての財・サービスの消費を平等に増加させるわけではなく、需要が拡大する財と飽和する財とに分かれることになる。したがって財・サービスの所得弾力性は産業ごとに異なっている。たとえば、農業製品に対する所得弾力性は基本的に低い（このような財は必需品と分類される）。所得が上昇しても必需品の消費額はそれほど増加しないため、経済成長に伴って支出に占める割合が小さくなる。つまり、所得上昇により需要が飽和する。他方、工業製品の消費はほぼ所得と同じ比率で増加する傾向があるため（所得弾力性が1前後）、工業化の段階で工業製品の支出割合は上昇する。しかし、サービスの消費は所得の伸び以上の増加する傾向があるため（所得弾力性が1より大）、サービス化の段階ではサービスの支出割合が大幅に上昇する。その結果、工業製品の割合は低下することになる。なお、ここでは所得弾力性を農業で1より小（必需品）、工業で1、サービスで1より大（奢侈品）とすることで、雇用が所得上昇により農業・工業・サービス部門へ順に移るモデルを前提としている。

産業高度化

ここまでは産業間の雇用移動による産業構造変化を説明してきたが、この変化自体は所得水準の向上に伴って必然的に生じるものである。経済成長率は工業化することで単純に高まるが、それ自体は必ずしも一国の所得水準を先進国レベルにまで引き上げる効果をもつわけではない。なぜなら一国の産業構成は貿易を通じて比較優位を反映して決定されるため、自国の産業構成が付加価値の低い部門に集中してしまえば、国全体の所得水準があまり伸びない「中所得国の罠」と呼ばれる状態に陥ってしまう。中所得国の罠を回避するには、産業構成を高付加価値部門へ変化させる産業高度化が必要となる。ここでは産業高度化に焦点を当て、その利点や地域ごとの高度化度合いの比較、そして新興・途上国における高度化戦略について説明する。

産業高度化には様々な利点がある。一つは高付加価値財の生産により、企業利潤や輸出競争力が増大して一人当たり所得が上昇することである。さらに高度な知識や技術を有する産業の存在により、他産業にも知識・技術の伝播を通じて正の外部経済効果が生じる（知識のスピルオーバー効果）。Hausmann, et al.（2007）では、所得水準と比べて相対的に産業高度化が進んだ国では、それより後の経済成長率が高くなる傾向があること、また、筆者らの分析では産業高度化により所得水準が上昇することが報告されている。また、農産物や鉱物のような一次産

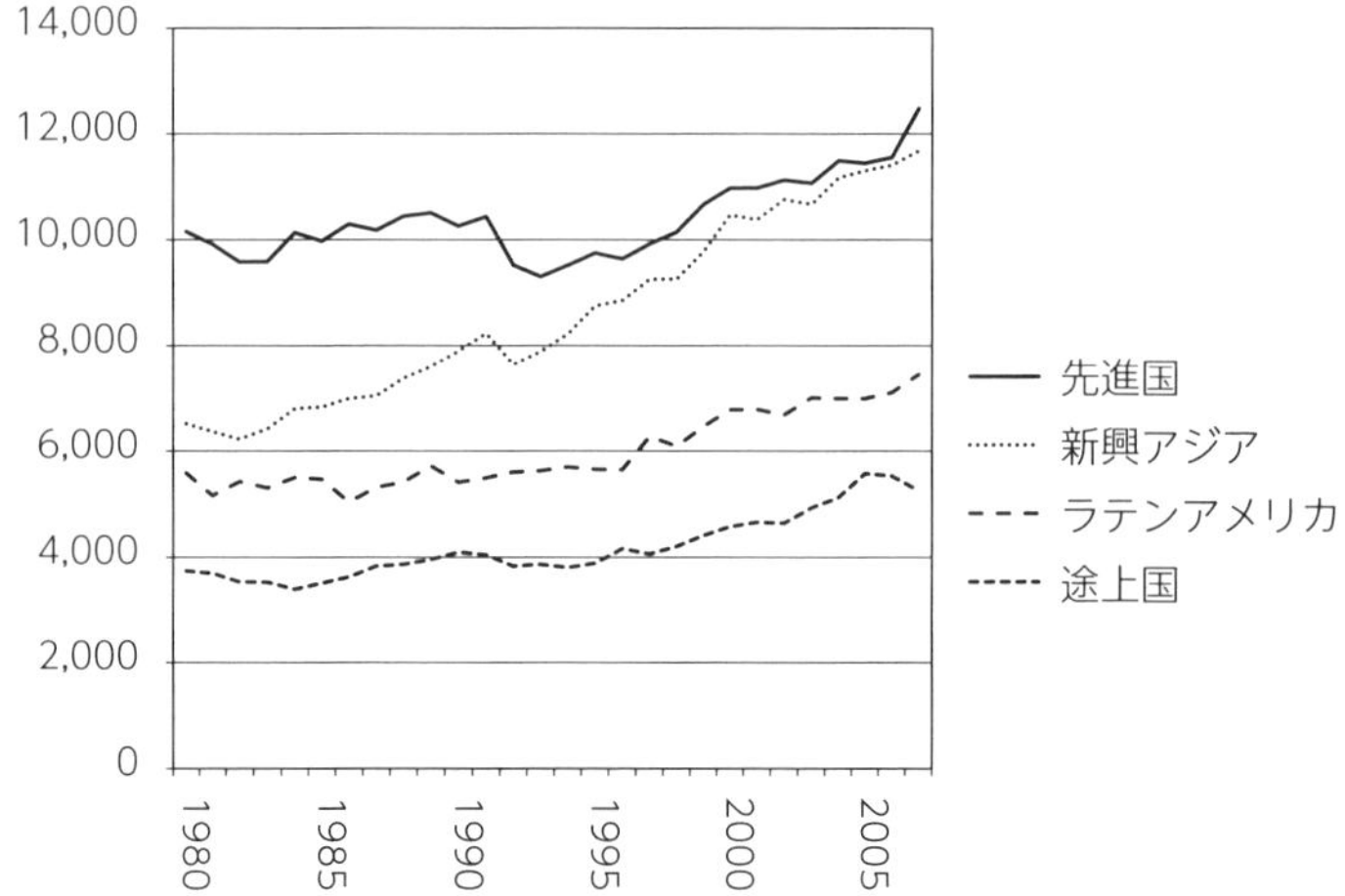

図２　輸出構成から見た産業高度化

この指標は各国の輸出財構成の高度化度合いを指標化したもので、EXPY 指標と呼ばれる。EXPY は高所得国の輸出構成が最も高度化しているという仮定の下で、各国の所得水準と輸出財構成の情報から作成される。ある国の値上昇は、その国の輸出構成が先進国のものに近づいた（高度化した）ということを表している。
出典：Shinkai, Otsuki, and Nabeshima（2015）

品の輸出に特化している国は国際価格の変動や海外需要の影響を受けやすいが、工業製品に特化する国はそのような交易条件の影響を軽減することができる。加えて、自国生産することで国内消費者も高品質な財を輸入に頼らずに安く国産品を購入できるようになる。

所得水準別に産業高度化の程度を比較してみよう。図2は、輸出高度化（Export Sophistication）と呼ばれる輸出財構成からみた産業高度化の指標を表している。産業高度化を輸出財の構成からみる理由は、それが国の比較優位（自国の相対的な強み）を表しているためである。数値自体に意味はないが、所得水準別に比較することで相対的な高度化の進展度合いを測ることができる。

高度化の程度は先進国で最も高く、期間を通じて一〇、〇〇〇～一二、〇〇〇程度であり、逆に途上国は最も低く、四、〇〇〇～五、〇〇〇程度となっている。新興国はそれらの中間に位置しているが、地域別にみた場合、高度化の進展度合いが異なっている。ラテンアメリカでは一九八〇年から二〇〇七年にかけて一、八〇〇程度しか上昇していないのに対して、アジア新興国では五、〇〇〇以上も上昇しており先進国の水準まで近づいている。期間を通じてアジア新興国は高成長を達成したが、それには産業高度化も重要な役割を果たしていたと考えられる。

新興・途上国はどのような手段で産業高度化を達成しているのだろうか。高度化には二つの方法があると考えられる。一つは新規産業の創出・拡大である。工業化初期の工業部門は労働集約的な軽工業が中心だが、資本集約的な重化学工業や知識集約的な産業を育成できれば工業部門の生産性は上昇する。もう一つは既存分野における新製品の開発である。技術やデザインで差別化できればたとえ同じ製品でも高級化を図ることできる。

産業高度化のために新興・途上国が採用している主な手段はＦＤＩの受け入れである。外国企業の工場を誘致することで工業部門での雇用創出や生産能力の拡大を図ることができる。また先進国の技術移転を受けることで他の産業にもスピルオーバー効果が働き、産業全体で高度化が進むことが期待できる。筆者らの分析により、新興・途上国における直接投資受け入れは、経済成長に寄与するだけでなく産業高度化を促すことを明らかになった。しかし、所得が先進国水準まで上昇すると外国企業は国内企業と競合してクラウドアウトさせてしまうため、必ずしも恩恵を与えてくれるわけではない。「中所得国の罠」に陥らないためには教育を通じた人的資本蓄積や研究開発など、自助努力による長期的な発展戦略が必要となる。

消費構造の高度化

次に、消費構造の変化について説明する。前述のとおり、所得弾力性は財・サービスによって異なるために所得水準が向上すると家計消費の構成が変化する。所得の伸びに対して消費の伸びが小さい（所得弾力性が1より小さい）財では所得上昇によって支出割合が低下し、所得と同程度の伸びを示す財では支出割合が上昇した後に低下する。所得の伸びよりも大きく上昇する財では支出割合が拡大していく。

図3は日本の家計消費の構成変化を示している。所得水準が低い段階では必需品である食料・

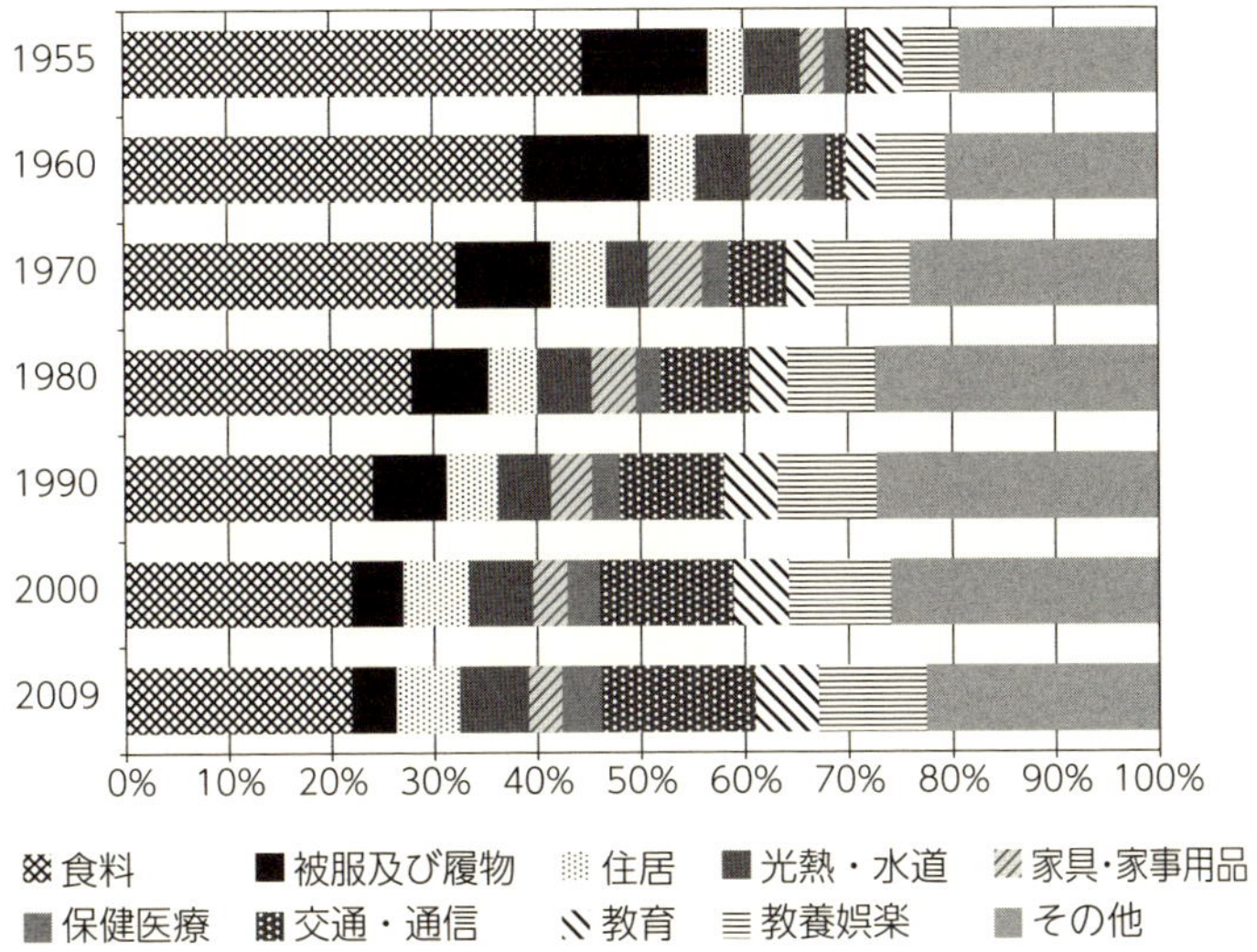

図３　家計消費の構成変化

図は家計の消費構成の推移を表している。データは二人以上の勤労者世帯（農林漁家世帯を除く）を使用している。1960 年以前のデータは 1970 年以降の分類に合わせて変更している。
出典：総務省「家計調査」

衣類の消費割合が大きい。一九五五年における食料・衣類の割合は約五七％と消費の半分以上を占めており、住居や光熱費まで含めると約六五％を構成している。所得の向上に伴って食料・衣類の割合は減少し、二〇〇九年には約二六％（住居・光熱費を含むと約三九％）にまで低下している。

他方、高度成長期には三種の神器（白黒テレビ、冷蔵庫、洗濯機）や３Ｃ（自動車、クーラー、カラーテレビ）など耐久消費財の消費が拡大したため、一九五五年から一九七〇年にかけて家具・家事用品や交通・通信、教養娯楽の割合が上昇している。それ以降、家具・家事用品のシェアは低下している。耐久消費財は一旦普及してしまうと借り換え需要のみとなり、大幅な伸びが見込めないためである。なお、自動車は交通・通信に、テレビなどのAV機器は教養娯楽に分類されているため、耐久消費財そのものの正確なシェアは読み取れないことに注意されたい。

サービスに関しては、一部耐久消費財を含むため正確には読み取れないが、一九九〇年代以降、インターネットの発達やスマートフォンの普及による通信費の増大、高学歴化や塾の普及による教育費の増大、観光・スポーツなどレジャー向けの支出拡大を受けて交通・通信、教育、教養娯楽が顕著に拡大している。

3　経済発展と環境

前節では経済成長の過程で産業構造の高度化が進むことや、産業高度化が経済成長に寄与することがわかったが、本節では産業構造の変化が環境にどのような影響を及ぼすのかを考察する。経済成長が、環境や人々の健康などに悪影響を与える可能性があるという主張もしばしば経済成長の懐疑的見方の根拠とされるが、先進国の多くは開発途上国よりも環境汚染の程度が低いことから、丁寧な検証を経ずして安易に結論できるものではない。

日本で一九五〇年後半から約二〇年間続いた高度経済成長期には産業構造において重化学工業の比重が高まる形で高度化したが、その時期に社会問題となった大気汚染・水質汚染などはこのような産業構造の変化が主因であったと考えられている。開発途上国においても、近年経済成長を経験した中進国において同様の環境汚染が問題となっている。これらのことから、産業高度化が環境を引き起こしているとの見方も否定できない。ただし、産業高度化の内容次第で環境の改善が可能であることを理論的に示している、Copeland and Taylor (2003) では、汚染財（生産過程で汚染を多く排出する財）と非汚染財（汚染を排出しない財）の二財の一般均衡モデルでの理論的分析を行い、教育や技術の進歩により人的資本が高まる場合においては、一人当たり所得と非汚染財のGDP比が高まり、汚染の総量が減少することを示している。他方、初期の経済成長によくみられる、人的資本の向上を伴わない従来の資本蓄積による成長は、重化学工業などの汚染財の比重を高め、汚染を増加させてしまうことも示していることから、産業構造の内訳が結果を左右することがわかる。

経済成長と環境汚染の非線形的な関係はしばしば環境クズネッツ曲線として仮説化されてお

り、経済成長の初期では環境汚染が増大し、成熟期で減少するといった逆U字の関係について、様々な検証が成されている。経済成長の初期では環境汚染が増大するが、さらに経済成長が進むと、環境の質に対する人々の需要が高まり、環境汚染が低下するというものである。大気汚染の代表的物質である二酸化硫黄などの硫黄酸化物においては、一部の実証研究で環境クズネッツ曲線の関係が成り立つことが示されているが、汚染物質全般においては、結果は混在しており、より長期で広範囲の国のデータでの包括的な実証分析が必要である。

より豊かで持続的な社会に向けて

経済発展のメカニズムを知ることは、世界の国々が豊かで幸福な生活を手に入れるための道順を知ることである。とりわけ、開発途上国が格差や環境問題などの課題に対処しつつ貧困を克服していくためのアプローチは、先進国の歴史や開発に関する研究から学ぶことができる。そして、経済発展のどの段階でどのような戦略が必要であるかを見極めることができよう。本章での考察から、経済成長は貧困を削減することからも、経済発展において、不可欠な役割を果たしていることがわかった。また、経済成長は産業構造の変化をともなうものであり、工業化により一国の経済が飛躍的な成長段階に入ることがわかった。さらに産業の先進国化・高技術化である産業高度化により、成熟段階に進むことがわかった。ただし、成熟段階を迎える前に「中所得国の罠」に陥る可能性があり、それを回避するために人的資本蓄積や研究開発など、自助努力による長期的な発展戦略が必要となることも示された。

一方で、産業構造の変化は、その内容次第では環境に対して悪影響を与えることも示され、経済発展を目指すにあたって、環境負荷の小さくしかも人的資本や技術の向上と連動する産業、例えば、コンピューター、バイオテクノロジーなど先端技術を中心とした産業や、研究や教育などの知的サービス産業などの重点化を行いながらの経済成長を目指すことで、環境汚染を伴わない経済成長が可能となる。そのためには、消費者も自らの消費による環境負荷を認識している必要があり、社会全体に向けた環境への啓蒙が不可欠である。こういった国の世界全体での普遍的努力が、環境、経済、社会をバランスさせる広い意味での経済発展を実現する決め手となろう。

参考文献

Acemoglu, D., and V. Guerrieri（2008）“Capital deepening and nonbalanced economic growth,” *Journal of Political Economy*, vol. 116, no. 3, pp.467–498.

Copeland, B. R., and M. S. Taylor (1994) "North-South Trade and the Environment," The Quarterly Journal of Economics, Vol. 109, No. 3, pp.755–787.

Duarte, M., and D. Restuccia (2010) "The role of the structural transformation in aggregate productivity," *The Quarterly Journal of Economics*, Volume 125, Issue 1, pp.129–173.

Hausmann, R., J. Hwang, and D. Rodrik (2007) "What Your Export Matters," *Journal of Economic Growth*, 12, pp.1–25.

Kongsamut, P., S. Rebelo, and D. Xie (2002) "Beyond balanced growth," *Review of Economic Studies*, 68, pp.869–882.

Kohsaka, A. and J. Shinkai 2015, "It's Not Structural Change, but Domestic Demand: Productivity Growth of Japan," in "Lost Decades in Growth Performance" edited by Yun-Peng Chu, Palgrave Macmillan.

McMillan, M. S. and D. Rodrik (2011) "Globalization, Structural Change and Productivity Growth," NBER Working Paper, no. 17143.

著 者 紹 介

大阪大学大学院国際公共政策研究科（OSIPP）とは――――――――

OSIPP は、大阪大学の法学部・経済学部・教養部のスタッフが中心となり、学際的で政策思考の研究と教育を行うことを主眼とする独立研究科として平成 6 年に発足しました。本研究科は、その設立経緯からこれらの学部の伝統を受け継ぎつつも、従来の大学のイメージにとらわれない進取の気性を維持し、スタッフや学生もグローバルな視野に立った活動を行ってきました。さらに、平成 19 年度の大阪外国語大学との統合で加わったスタッフにより、教育や研究の国際性・多様性が一層高まりました。また、平成 20 年度に法学部国際公共政策学科が開設されたことに伴い、OSIPP は法学部の教育研究にも寄与しています。

このように、OSIPP は、平和や安全保障、環境問題、経済発展・開発、人権の保障といった公共政策課題に関心をもち、これらの課題を種々の観点から解明しようとする「公共政策プロフェッショナル」を育成することを目標としています。

活動内容については、ホームページをご覧ください。

大阪大学大学院国際公共政策研究科　http://www.osipp.osaka-u.ac.jp/
大阪大学法学部　http://www.law.osaka-u.ac.jp/

星野　俊也（ほしの　としや）　［編者、巻頭言］
大阪大学大学院国際公共政策研究科招聘教授
専門　国際関係論：国連研究（国際の平和と安全、紛争研究・平和構築）

大槻　恒裕（おおつき　つねひろ）　［編者、巻頭言、第 9 章］
大阪大学大学院国際公共政策研究科教授
専門　開発経済学、環境経済学

村上　正直（むらかみ　まさなお）　［編者、巻頭言］
大阪大学大学院国際公共政策研究科教授
専門　国際法、国際人権法

赤井　伸郎（あかい　のぶお）　[第１章]

大阪大学大学院国際公共政策研究科教授
専門　公共経済学、財政学、新公共経営、パブリック・ガバナンス

後藤　正之（ごとう　まさゆき）　[第２章]

長崎県立大学地域創造学部実践経済学科教授（前大阪大学大学院国際公共政策研究科教授）
専門　経済統計（国民経済計算、景気動向指数、法人企業統計）

蓮生　郁代（はすお　いくよ）　[第３章]

大阪大学大学院国際公共政策研究科教授
専門　国際行政論（国連行政）、
　　　グローバル・ガバナンス論（公的アカウンタビリティーの研究）

野村　美明（のむら　よしあき）　[第４章]

大阪大学名誉教授
専門　国際取引法、国際私法；国際経済法、紛争解決法（交渉、仲裁）、
　　　リーダーシップ

内記　香子（ないき　よしこ）　[第５章]

大阪大学大学院国際公共政策研究科准教授
専門　国際経済法；WTO 法、貿易と環境問題、規制とガバナンス

松本　充郎（まつもと　みつお）　[第６章]

大阪大学大学院国際公共政策研究科准教授
専門　行政法・環境法、日米水法・土地法・エネルギー法の比較研究

神谷　祐介（かみや　ゆうすけ）　[第７章]

龍谷大学経済学部講師
専門　国際協力論、開発経済学、国際保健

伊庭　将也（いば　かつや）　[第７章]

京都府土地改良事業団体連合会技師
専門　農業土木、土地改良法、国際協力

Hawkins Virgil（ホーキンス　ヴァージル）　[第８章]

大阪大学大学院国際公共政策研究科准教授
専門　国際政治：紛争、マスメディア、アジェンダ・セッティング

新開　潤一（しんかい　じゅんいち）　[第９章]

近畿大学経営学部講師
専門　国際金融

シリーズ「グローバリズムと公共政策の責任」

第2巻　富の共有と公共政策

発行日　2018年3月30日　初版第1刷　〔検印廃止〕

編　者　星野俊也・大槻恒裕・村上正直

発行所　大阪大学出版会
代表者　三成賢次
〒565-0871
大阪府吹田市山田丘2-7　大阪大学ウエストフロント
電話：06-6877-1614（直通）　FAX：06-6877-1617
URL　http://www.osaka-up.or.jp

印刷・製本　株式会社 遊文舎

ISBN 978-4-87259-544-4　C3331